AF137789

Photographie de couverture:
Cathédrale Notre Dame, Laon,
Les vitraux du Choeur, vers 1215
Photo © Berger 2019

Autres publications chez BoD

Gautier de Coinci (1177- 1236) :
Les Miracles de Nostre Dame (1218-1230).
BoD, 2020.

En préparation:
Guillaume digulleville (1295- après 1358, avant 1385):
Les pèlerinages (de vie humaine (1355), de l'âme (1356) et
de Jésus-Christ (1358))

©2020 Berger, jean-michel
Edition : Books on Demand,
12/14 rond-Point des Champs-Elysées, 75008 Paris
impression: BoD – Books on Demand,
Norderstedt, Allemagne
ISBN : 9782322271146
Dépôt légal : Décembre 2020

Avertissement

Nous reproduisons ci-après, deux textes que l' Abbé Jean-Nicolas Grou, né en 1731, médita lors de son exil en Angleterre durant la tourmente révolutionnaire, entre décembre 1792 et le 13 décembre 1803, date de sa mort.

Notre édition suit celle de Auguste Hamon de 1909 pour *L'intérieur de Jésus et Marie ;* et celle du P. F. Doyotte de 1884 pour *L'école de Jésus-Christ.*

Ces textes transmettent un enseignement d'une haute valeur spirituelle, universelle et intemporelle; mais ils n'en sont pas moins issus d'une mentalité tissée aux fils de représentations d' une époque particulière et révolue.

Chacun est le maître d'oeuvre de la lecture qu' il fait d'un texte; éclairé et assisté par L'Esprit Saint ou non, selon qu'il l'aura sollicité.

JM. BERGER

Père
Jean-Nicolas Grou

de

LA COMPAGNIE DE JESUS

Enseignement

sur

La prière
du
Seigneur

Texte établi par Jean-Michel Berger

"Je l'emmenerai au désert et je parlerai à son coeur"
Osée.

Préambule: Du MAGNIFICAT
ou
De l'extase de l'humilité de la Vierge Marie.

La Vierge Marie n'y parle que de Dieu et d'elle: de Dieu, pour célébrer ses louanges, d'elle pour s'abaisser et s'anéantir.

Mon âme, s'écrie-t-elle, *glorifie le Seigneur, et mon esprit est transporté de joie en Dieu auteur de mon salut.* Qui peut dire, qui peut concevoir avec quel sentiment la Vierge prononça ces paroles ? Il n'appartient à aucun homme mortel d'exposer le ravissement de Marie en Dieu, la pureté d'âme avec laquelle elle lui rend gloire de tout, ne réservant absolument rien pour elle-même. Dieu la glorifie plus qu'il n'a jamais glorifié aucune créature. Marie reçoit cette gloire, pour la renvoyer toute entière à son auteur; et nulle créature ne le glorifie aussi excellemment qu'elle. Quel triomphe, si je l'ose dire, pour Dieu, de voir une âme comblée de ses bienfaits, inondée de ses faveurs, qui n'en fait usage que pour le louer; qui, s'oubliant totalement elle-même, ne pense qu'à lui, se perd et s'abîme en lui! La joie dont elle est transportée n'a point pour objet sa propre élévation, toute sublime qu'elle est. Son unique objet est Dieu, auteur de son salut, le Dieu qu'elle porte en son sein, et qui ne s'y est renfermé que pour la sauver elle et tout le genre humain. Ce salut même, elle le considère moins par ce qu'il a d'avantageux pour elle, que par ce qu'il a de glorieux pour Dieu. Elle met à l'écart son intérêt, pour ne s'occuper que de l'intérêt de Dieu.

Est-ce ainsi que nous rapportons à Dieu tous les biens qu'il nous fait? et notre perfection même ne nous touche-elle, qu'à cause de la gloire qui lui en revient ? Où sont les âmes en qui règne une telle pureté de sentiments ? Qu'elles sont rares! Les autres n'en ont pas même l'idée, quelque saintes qu' elles soient d'ailleurs. On rapporte les grâces de Dieu à soi; on veut être saint pour soi; la gloire de Dieu n'est pas notre premier motif, et notre principale fin. Si l'on n'y pense quelquefois, ce n'est pas que par réflexion; les premières pensées, les premiers sentiments du coeur sont pour nous.
Malheureux amour propre, tu entres partout; tu infectes tout de ton venin; tu portes tes attentats jusque sur l'amour qui est dû à Dieu; et tu dérobes tout ce que tu peux à sa gloire, pour te l'attribuer. Ah, Marie, obtenez-nous la lumière pour connaître l'effroyable laideur de ce vice, le courage pour le combattre, et la générosité pour le laisser détruire par la jalousie de Dieu.

Et d'où viennent ces transports, cette sainte allégresse de Marie ? De ce que Dieu *a jeté un regard sur la bassesse de sa servante*. Elle n'était rien; d'elle-même elle n'eût jamais rien été. Dieu l'a regardée, et ce regard l'a faite ce qu'elle est. Pour être élevée à la dignité de mère de Dieu, elle ne perd point la vue de sa bassesse; elle n'oublie pas qu'elle est sa servante, et elle ne prend point d'autre titre. O mon Dieu, avec quelle complaisance vous regardiez celle qui étant au comble de sa grandeur, ne sortait point de son néant ! Hélas! nous avons tant de sujet d'être humbles; et nous sommes vain ! C'est pour cela que Dieu ne nous regarde pas; il voit que s'il daignait jeter un regard sur nous, nous en serions plus vains. Quelle opposition entre Marie et nous.

C'est pour cela, c'est à cause de ce regard de Dieu sur moi *que toutes les générations m'appelleront bienheureuse*. Je dois tout à ce regard; je ne serais rien sans cela. Qui me considerera en moi-même, n'y verra rien qui mérite la moindre louange, rien même qui ne soit digne du plus profond mépris. Mais qui me verra telle que je suis devenue par le regard de Dieu, regard qui est un pur effet de sa miséricorde sur moi, ne pourra s'empêcher de m'appeler *bienheureuse*. D'âge en âge, jusqu'à la fin des siècles, ce titre me sera donné et m'appartiendra spécialement. J'en bénis, et j'en bénirais à jamais celui qui m'a regardée; et je lui renverrai fidèlement tous les éloges qui me seront donnés : parce que lui seul en est la source, et que lui seul doit être loué en moi.

Les bienheureux ont ces sentiments dans le ciel; ils n'y sont entrés que purgés de tout amour propre.

Marie les a eus sur la terre dans toute leur pureté et leur perfection. Attachons-nous à l'imiter en ce point, plus qu'en aucun autre.

Car celui qui est puissant a fait en ma faveur de grandes choses; et son nom est saint. Marie n'affaiblit point par une fausse humilité ce que Dieu a fait pour elle. Elle reconnaît que ce sont de grandes choses; et si grandes, que ces autres oeuvres ne sont rien en comparaison. Mais elle ne les relève ainsi, que pour les attribuer à sa toute-puissance, à qui rien ne coûte; qui est au-dessus des lois de la nature, et qui n'a qu'à dire une parole pour exécuter les plus grands desseins. Et quelle conséquence tire-t-elle de là ? Que *le nom de Dieu est saint*; que c'est pour la gloire de ce nom qu'il opère toutes choses; et que la sanctification du grand nom de Dieu doit être le but des pensées, des sentiments, des actions de la créature. Après avoir ainsi tout attribué, tout donné à Dieu, que reste-t-il pour Marie? Rien . Elle ne prétend rien, elle ne désire rien, sinon qu'on admire avec elle les merveilles de la puissance divine, et qu'on loue son saint nom. Mais plus elle s'oubliera, plus Dieu prendra soin de la glorifier: parce que tout ce qui sera rendu d'honneur à Marie, lui reviendra, et qu'avec elle, il ne perdra rien de ses droits. Occupons-nous uniquement de la gloire de Dieu: et il la partagera avec nous sans aucune diminution pour lui. S'il n' est rien de comparable à la gloire de Marie, c'est que rien n'a été comparable à son humilité. Dieu veut placer ses dons avec sûreté; et il ne peut les placer ainsi que dans une âme humble. Marie va nous l'apprendre elle-même.

Sa miséricorde s'étend d'âge en âge sur ceux qui le craignent. Par ceux qui craignent Dieu, l'Ecriture entend ceux qui l'aiment, et qui par un principe d'amour appréhende de l'offenser. Or, rien ne blesse plus le coeur de Dieu, que de lui dérober sa gloire, dont il est si jaloux. C'est un crime qu'il ne pardonne point, et dont il poursuit nécessairement la vengeance. Et comment le punit-il ? En retirant ses miséricordes de ceux qui s'en rendent coupables: ce qui est le plus grand malheur qui puisse arriver à une âme. Au contraire il les répand avec profusion sur les âmes zélées pour sa gloire, qui craignent par-dessus tout de lui en dérober la moindre partie. Ayons cette crainte; rien ne nous est plus nécessaire. L'orgueil et la vanité sont nos vices favoris. Parce qu'ils sont odieux et souverainement injustes, ils se déguisent si subtilement, que nous ne les apercevons pas; ou qu'ils nous séduisent au point de les justifier. Disons avec Saint Philippe de Néri: *Défiez-vous de moi, Seigneur, je suis un voleur* qui ne tend qu'à vous dérober votre gloire.

Il a déployé la force de son bras, et confondu les pensées des superbes. Le bras de Dieu dans l'ancien et le nouveau testament c'est Jésus-Christ. Par ce bras, comme Verbe, il a tiré l'univers du néant; par ce même bras comme Verbe fait chair, il a tout fait dans l'ordre surnaturel. Et en quoi ce bras puissant s'est-il signalé ? Dans la dispersion, dans le châtiment des superbes conjurés contre la gloire de Dieu. Il les a humiliés, il les a écrasés, il a creusé pour eux l'enfer, où ils seront forcés éternellement de restituer à Dieu le bien qu'ils ont essayé en vain de lui enlever.

Il a ôté les puissants de leur place; il a élevé les humbles. Il a rempli de biens ceux qui manquaient de tout; et il a renvoyé vides ceux qui étaient dans l'abondance. Telle est la conduite de Dieu. Il abaisse les puissants qui s'enorgueillissent du rang qu'ils occupent; il élève à leur place ceux qui sont humbles. S'il ne le fait pas toujours en ce monde, il ne manque jamais de le faire en l'autre. Les hautes places du ciel sont pour les humbles; les cachots les plus bas de l'enfer sont pour les superbes. Soyez affamé de la justice; et reconnaissant votre indigence, adressez-vous à Dieu: il vous comblera des vrais biens. Si vous êtes dans l'abondance, même des biens spirituels; et si, vous les appropriant, vous en faites la pâture de votre orgueil : Il vous les retirera, et vous rejettera loin de sa face les mains vides. C'est la leçon que nous donne ici Marie, et dont elle nous montre un exemple si frappant en sa personne. Nous ne haïrons, nous ne fuirons jamais assez l'orgueil; nous n'aimerons, nous ne rechercherons jamais assez l'humilité.

Il a pris sous sa protection Israël son fils, se ressouvenant de sa miséricorde, selon la promesse qu'il en avait faite à nos pères, à Abraham et à sa semence pour toute la suite des siècles. Les vraies promesses faites à Abraham et à sa postérité, à l'Israël de Dieu, selon l'expression de saint Paul, étaient spirituelles, et ne devaient être remplies que par l'avènement du Messie. Le voilà venu; il est dans le sein de Marie; il n'en est pas encore sorti; il verse déjà ses bénédictions sur Jean et Elizabeth. C'est lui qui est le père des vrais Israélites; lui dont Abraham a désiré de voir le jour, qui l'a vu en esprit, et qui s'en est réjoui. Toutes les figures vont cesser: Abraham ne sera plus regardé comme le père des Israélites selon la chair; mais comme le père des croyants, de quelques nations qu'ils soient; et Abraham avec toute sa postérité spirituelle appartiendra à Jésus-Christ. Marie prophétise donc ici; et nous montre en elle l'accomplissement de la grande promesse faite dès l'origine du monde et renouvelée d'âge en âge.

Prions-la de nous expliquer elle-même le sens de son admirable cantique; et surtout de nous mettre au coeur les sentiments avec lesquels elle l'a prononcé.

De la prière du Seigneur

Le fruit de la demande que les Apôtres, inspirés par l'Esprit-Saint, firent au Sauveur de leur enseigner à prier, fut l'Oraison Dominicale, c'est-à-dire l'Oraison du Seigneur: prière divine, soit que l'on considère son auteur ou les sentiments qu'elle exprime; prière que Jésus-Christ nous a enseignée à tous, dans la personne des Apôtres, qu'il chargea d'en instruire leurs disciples; prière que l'Eglise a toujours mise au-dessus de toutes les autres, qui fait une partie essentielle du sacrifice de nos autels où elle n'est jamais omise, par laquelle elle commence tous ses offices, qu'elle apprend aux enfants dès leur plus bas âge, qu'elle leur explique dans tous ses catéchismes, et qu'elle recommande aux fidèles de réitérer plusieurs fois le jour, surtout le matin et le soir.

Cette prière, en effet, contient tout.

Jésus-Christ qui connaissait nos obligations et nos besoins, les y a renfermés en peu de mots. Un chrétien ne peut rien dire à la louange de Dieu, ni lui rien demander qui ne s'y rapporte. Par sa simplicité, elle est à la portée de tout le monde; par la sublimité des pensées, elle surpasse la capacité des plus grands génies, et, pour la comprendre, il ne faut pas moins qu'une lumière surnaturelle. Mais elle est toute pour le coeur, plutôt que pour l'esprit, selon la nature même de la prière, et , quoiqu'il soit nécessaire de l'entendre, il est tout autrement important de la goûter.

L'intention de Jésus-Christ, en nous l'apprenant, n'a pu être qu'on se bornat à la réciter de bouche, il a voulu qu'on en eût l'intelligence, qu'on en prît les sentiments, et qu'on en fît la règle de sa conduite. Il n'est pas de fidèle qui ne la sache par coeur: elle est la principale, et la plus ordinaire de nos prières. Mais l'entendons-nous ? En avons-nous approfondi le sens ? Avons-nous demandé au Seigneur luimême qu'il nous ouvrît l'esprit pour l'entendre ? Est-il beaucoup de chrétiens, même parmi les plus pieux, qui aient assez d'humilité pour avouer qu'ils n'entendent point le *Pater*; qui soient assez éclairés de Dieu, pour reconnaître qu'on ne saurait le bien comprendre, si l'on n'est intérieur, et si le même Esprit qui l'a dicté ne nous en donne l'explication ?

Mais ce n'est pas encore l'essentiel. N'est-ce point par habitude, et machinalement, que nous récitons cette prière ? Notre coeur la goûte-il ? Est-elle l'expression de nos sentiments les plus intimes ? Pouvons-nous dire, à chaque mot, à chaque article: voilà ce que je pense, voilà ce que je sens, voilà ce que je désire ? Si nous ne portons pas habituellement dans l'âme les sentiments qu'elle exprime, ne nous flattons pas d'être de vrais chrétiens.

Enfin, croyons-nous que le *Pater* soit pour nous la règle de conduite la plus indispensable, comme il est la plus excellente ? Croyons-nous qu'il est l'abrégé de l'Evangile, l'extrait de ce que la morale de Jésus-Christ a de plus parfait; qu'il doit par conséquent influer sur nos pensées, sur nos paroles, sur nos actions ? Et, dans le fait, jugeons-nous, parlons-nous, agissons-nous conformément à cette prière ? Notre vie soutiendrait-elle de lui être confrontée ?

Voilà sur quoi je souhaite qu'on réfléchisse sérieusement. Pourquoi prie-t'on ? Pour bien vivre. Que demande-t-on dans la prière ? Ce que l'on doit faire. Il ne s'agit pas ici d'une prière composée à notre dévotion, ou faite par des hommes. C'est Jésus-Christ qui nous l'a donnée, qui en la traçant n'a pas consulté nos idées, mais les siennes; qui en nous disant: *Vous prierez ainsi*, nous a dit équivalement : Vous réglerez votre vie selon l'esprit de cette prière. Si nous ne le faisons pas, nous serons condamnés par notre propre bouche. Tous les jours vous me demandiez cela, et votre conduite démentait vos demandes; et vous n'avez jamais songé qu' il y avait une liaison essentielle entre votre prière et vos actions.

Puisqu'il est indubitable que nous serons jugés un jour par Jésus-Christ même sur l'Oraison appelée de son nom, donnons ici quelques moments d'application pour en comprendre le sens, et en peser les obligations qu'elle nous impose.

C'est sur ce plan que j'entreprends l'explication sous la direction de la grâce, sans perdre de vue que je travaille autant et plus pour moi que pour les autres.

NOTRE PERE !

C'est à mon père que je m'adresse.

Jamais je n'aurais osé, pécheur que je suis, donner à Dieu ce titre, ou prendre la qualité de son enfant. Jésus-Christ m'en inspire la hardiesse. Il débute par me rappeler que la grâce m'a rendu enfant de Dieu; que je le suis par adoption, et que j'ai été élevé à ce glorieux privilége par le mystère ineffable de l'union du verbe avec sa sainte humanité. En tant qu' homme, Jésus-Christ est mon frère; après sa résurrection, il appelle de ce nom ses disciples, parmi lesquels il nous comprenait tous. Dans l' Evangile il dit partout: Mon Père, et : Votre Père, nous mettant, pour ainsi dire, au même rang et au même degré de proximité avec Dieu, que Lui, et nous autorisant, nous obligeant même à partager ses qualités et ses prétentions.
Mais remontons plus haut, et considérons dès l'origine, et dans toute leur suite, les fondements de la paternité divine à notre égard.

Dieu est mon père par la création.

Je tiens tout mon être de lui. La part que les auteurs de mes jours ont eue à l'existence de mon corps, doit presque être comptée pour rien; ils n'en ont été que l'occasion, que les instruments agissant selon les lois librement instituées par Dieu. C'est lui qui a créé la matière, lui qui l'a formé dans le sein de ma mère, qui en a composé la structure, qui a mis en lui un principe de vie et de mouvement, qui lui a donné la nourriture et l'accroissement. Combien plus donc est-il mon père, que ceux dont je suis né ! Et si je leur dois le respect, l'amour, l'obéissance, combien plus je les dois à Dieu qui a sur l'ouvrage de ses mains des droits mieux fondés, et d'une tout autre étendue !

Car c'est peu qu'il soit le Créateur et l'architecte de la moindre partie de moi-même. Mon âme, cette substance intelligente, libre, spirituelle et immortelle de sa nature, mon âme faite à l'image de Dieu, est de lui, et uniquement de lui. Mes parents n'ont contribué en rien à son existence; tout au plus en ont-ils, sans le savoir, déterminé le moment. Cette âme n'a donc absolument d'autre père que Dieu, elle lui est redevable de son être, de ses propriétés, de ses qualités. Il l'a faite ce qu'elle est, parce qu'il l'a voulu, par une bonté pure, n'ayant nul besoin d'elle, étant parfaitement heureux indépendamment d'elle. Voilà assurément un titre de paternité bien supérieur à celui des pères de la terre.

Mais il y a de plus une autre différence très considérable. En quelque sens que je tienne l'existence de mes parents, ils me l'ont donnée par un acte passager. Il n'était pas en leur pouvoir de me la conserver, et, malgré toute leur tendresse et tous leurs soins, ils étaient exposées à me la voir ravie à chaque instant. Au lieu que l'action par laquelle Dieu m'a créé subsiste toujours, et, si elle cessait un moment, mon corps et mon âme retomberaient dans le néant. Non-seulement donc il est mon père, mais il continue de l'être sans interruption; jusqu'au dernier soupir il me conserve la vie du corps; après la mort il me conserve celle de l'âme; et, lorsqu'à la résurrection générale il aura réuni l'âme et le corps, il les conservera l'un et l'autre durant l'éternité. Ainsi il a été, il est, et il sera à jamais mon père, tant que j'existerai, et mon âme ne cessera point d'exister, soit seule, soit unie, ou rejointe au corps. La dépendance où je suis de lui pour l'existence étant si grande, et le bienfait de sa paternité si continuel, quel doit donc être mon amour pour lui ! Quelle sera ma reconnaissance !

Le dirai-je néanmoins ? Ce que Dieu est à mon égard dans l'ordre de la nature, est peu de chose au prix de ce qu'il est dans l'ordre de la grâce, où il se montre mon père d'une manière bien plus excellente. M'avoir créé, c'est un grand bien sans doute; c'est le premier et le fondement de tous les autres. C'est un bien tel qu'il ne pouvait venir que d'un être infiniment puissant, bon et libéral. Mais m'avoir créé dans son amitié et dans sa grâce; avoir enrichi mon âme au sortir de ses mains de dons surnaturels; l'avoir destinée à le posséder, à l'aimer, à jouir éternellement du même bonheur que lui !
C'est un nouveau genre de bienfait qui surpasse incomparablement le premier. Enfant de Dieu par ma naissance, je le suis dans un sens plus relevé, et

d'une façon plus intime par ma destination qui me rapproche de lui, me réunit inséparablement à lui, et ne fait de lui et de moi moralement qu'un seul être, n'ayant qu'une même volonté, et jouissant par indivis des mêmes biens.

Une telle destination ne m'était nullement due; je pouvais en être privé, sans avoir aucun sujet de me plaindre; j'aurais même ignoré que j'en fusse capable, si Dieu n'avait daigné me le révéler.

Les pères terrestres n'appellent qu'après leur mort leurs enfants à la pleine possession de leurs biens. Ceux-ci n'en jouissent qu'à titre de succession et d'héritage, et ils ne deviennent plus riches que par la perte de ce qu'ils ont de plus cher. On ne leur donne point, on leur laisse ce que l'on ne peut plus retenir, et l'on aurait toujours gardé au moins le principal, tant qu'on aurait continué à vivre. Il n'en est pas ainsi du Père céleste, qui, ne pouvant mourir, n'a rien à nous laisser après lui. Il s'empresse de nous donner tout ce qu'il a et tout ce qu'il est; et, après la courte épreuve d'une vie temporelle, qui elle-même eût été heureuse sans l'introduction du péché, il avait formé le dessein de nous admettre à la jouissance d'une vie éternelle. Pour parvenir à cette seconde vie, nous ne devions pas même passer par la mort. Telle était notre condition originelle.

Bonté paternelle de Dieu, pouviez-vous aller plus loin ? N'avez-vous pas fait pour être aimé de moi plus que je n'aurais osé espérer, plus que je n'aurais pu désirer?

Mais voici un trait d'amour paternel encore plus merveilleux.

Le genre humain, quoique prévenu de tant de grâces, quoique destiné à une telle félicité, devient prévaricateur dès son origine. Le premier homme et la première femme se révoltent contre leur créateur et leur père, et, par le plus fol orgueil, ils violent son précepte, dans l'espoir que cette transgression les rendra semblables à lui. Les voilà, eux et leur race, déchus pour toujours des privilèges de leur condition. Les voilà dignes à jamais de la haine de Dieu et de ses châtiments. Ils n'ont de ressource que dans sa miséricorde. Mais il avait prévu le mal et préparé le remède. Quel remède, ô mon Dieu ! Eût-on pu l'attendre d'un autre père que vous ?

Eternellement fécond en lui-même, ce Père avait un Fils unique, égal à lui. Il le dévoue pour le salut des hommes: il l'envoie sur terre, le revêt de notre nature coupable et dégradée, et par un conseil arrêté de toute éternité, il veut que dans cette nature, il soit humilié, qu'il souffre, qu'il meure pour nous, et qu'il expie ainsi, victime volontaire, le premier péché, et tous ceux qui en ont été la suite. Adoptés en ce Fils, *premier-né de toute créature*, les hommes sont rétablis avec avantage dans la qualité et les droits d'enfants de Dieu. Le ciel fermé par leur faute s'ouvre de nouveau pour eux; des secours plus abondants et plus efficaces leur sont donnés pour y monter; et, incapables par eux-mêmes d'aucun mérite, ils peuvent tout espérer et pré-

tendre à tout par les mérites de l'Homme -Dieu devenus les leurs.

Ainsi le Père a-t-il aimé des rebelles et des ingrats,
jusqu'à livrer et sacrifier pour eux l'objet de ses
éternelles complaisances !

...Taisons-nous; adorons, aimons le meilleur des
pères, et consacrons-nous à sa gloire.

Je veux pousser à bout cette considération de l'a-
mour paternel de Dieu pour nous.

Par qui devait s'exécuter la sentence portée en
notre faveur contre ce cher Fils ? Par les démons
sans doute, qui, condamnés irrévocablement au
supplice de l'enfer, sont devenus les ennemis irré-
conciliables de Dieu. Nullement. Les démons n'ont
été que les instigateurs de la malice des hommes,
et ce sont les hommes eux-mêmes qui ont méconn-
nu, outragé, mis à mort le Fils de Dieu qui venait
les sauver ! Le coup est parti d'où l'on devait le
moins l'attendre, d'une nation choisie par une pré-
dilection spéciale, d'une nation dont Dieu avait
voulu être le législateur et le roi; d'une nation qu'il
avait rendue l'unique dépositaire de la révélation,
et à qui il avait envoyé une longue suite de prophètes, pour annoncer la venue du Libérateur de
l'univers. Au reste, le crime que cette nation a commis, tout autre l'eût commis à sa place. Car sur
quel fondement et par quel endroit nous préférerions-
ons-nous aux Judéens ? Nous eussions été déicides
comme eux, et il n'en faut point d'autre preuve que

les péchés par lesquels nous crucifions derechef le Fils de Dieu.

Il est donc vrai que, par une bonté incompréhensible, Dieu a fait servir au salut du genre humain le plus exécrable attentat dont il se soit rendu coupable, prévoyant cet attentat, et sachant qu'il serait renouvelé de siècle en siècle par tous les pécheurs de la terre.

Les bienfaits du Père céleste que je viens d' exposer, ne sont pas tellement généraux qu'ils ne soient personnels à chacun de nous. Toutes les fois que nous prononçons ces premiers mots de l' Oraison dominicale, *Notre Père*, ils doivent se présenter au moins confusément à notre esprit, et pénétrer notre coeur des sentiments les plus vifs et les plus affectueux; ou bien nous ne les proférons que de bouche, et nous n'y attachons nulle idée.

Mais il y a de plus une infinité de bienfaits qui nous sont propres et particuliers. Tant de péchés si souvent pardonnés; tant de grâces accordées; tant de prévenances et de tendres sollicitations; tant de patience à souffrir nos délais; une vie criminelle si longtemps prolongée, et dont les jours pouvaient être tranchés dès le premier péché, sans donner lieu à la pénitence !

Que chacun repasse tout ce qu'il doit à Dieu, et qu' il se le rappelle en disant: *Notre père*. Il ne faut que cette considération pour nous ravir d'admiration, pour nous faire tomber dans une extase d' amour et de reconnaissance, à la vue d'une charité si ex-

cessive. Oui, ce seul mot: *Père !* nous fournit assez
de pensées, assez d'affections, pour nous occuper
toute la vie. Nulle méditation n'en peut épuiser le
sens profond; nulle contemplation ne peut atteindre
à la hauteur de cette idée; et, après nous en être
nourris ici-bas, nous y trouverons dans le ciel une
matière éternelle de louanges, de bénédictions et
d'actions de grâces.

Je n'ai pas tout dit cependant; il me reste à parler
de ce que ce Père est en lui-même, de sa nature et
de ses perfections infinies. Autre abîme où l'esprit
se perd, et où le coeur découvre des motifs plus
puissants et plus purs de l'aimer.
Si *les pères sont la gloire des enfants*, quelle gloire
pour nous ! Quel sujet de triomphe et de félicita-
tion, que cette pensée: J'ai Dieu même pour père !
Quel mépris, quelle aversion pour tout ce qui me
porterait à dégénérer d'une si haute origine !
O mon Père ! que je m'agrandis, que je m'élève
au-dessus des choses de la terre, quand je songe
que vous êtes Dieu, que vous *êtes* par la nécessité
de votre nature, que vous êtes infiniment parfait,
l'être souverain, éternel, immense, indépendant; et
que je vous appartiens, que je suis votre enfant, et
que vous vous en glorifier ! Puis-je ne pas me glorifier à mon tour ! Puis-je ne pas m'écrier: Oh !
Que je suis heureux d'avoir un tel père ! Quelle
majesté en vous ! Quelle beauté, quelle richesse,
quelle puissance, quelle science, quelle sainteté,
quelle félicité ! Je suis ravi de ne pouvoir rien com-

prendre aux merveilles ineffables de vos attributs !
Si la plus sublime intelligence créée était capable
de vous concevoir, vous ne seriez plus ce que vous
êtes, et vous n'habiteriez pas une lumière inacces-
sible.

Mais, quelle union encore et quelle distinction entre les trois personnes adorables, qui possèdent en
vous la même nature, sans nuire à son unité ! Paternité divine, qui vous comprendra ? Filiation
éternelle, qui vous expliquera ? Amour substanciel
du Père et du Fils, Esprit-Saint, qui peut entendre
votre procession de l'un et de l'autre ? Cette Unité,
cette Trinité qui est la propriété incommunicable
de votre nature, fait ma gloire, ma joie, ma félicité,
parce qu'elle fait la vôtre. Vous êtes mon père, et
l'enfant est noble de toute la noblesse de son père,
riche de toute sa richesse, parfait de toute sa perfection. Je le suis, par votre volonté, autant qu'il
m'est possible de l'être; et je dois l'être aussi par la
mienne, si je vous aime, et si je m' aime en vous
comme je le dois.

O nom ravissant ! Comment ai-je pu vous prononcer si souvent, sans penser à ce que vous signifiez,
sans être saisi de respect et d'attendrissement, pé-
nétré de confiance et de gratitude ! Mon sauveur, et
mon maître ! J'ai recours à vous pour apprendre à
prononcer comme il faut ce nom de *Père*. Faites
qu'il ne soit jamais sur mes lèvres sans que mon
esprit n'entre dans une douce et profonde oraison,
qui ne me permette pas de continuer verbalement

ma prière. Eh ! Qu'en est-il besoin ? N'est-elle pas toute renfermée dans ces premiers mots ? Quand je les ai dits de la bouche du coeur, j'ai tout dit, et mon Père a tout entendu.

NOTRE PERE !

Faites attention que Jésus-Christ ne vous a point appris à dire : *Mon Père*; il vous ordonne de dire : *Notre père.* Il ne veut pas que vous fassiez sa prière en votre nom privé; mais il l'a conçue d'un bout à l'autre de manière que vous y parliez au nom de tous les chrétiens qui sont vos frères, et dont Dieu n'est pas moins le Père que le vôtre. De même donc que dans ce mot: *Père,* sont contenus tous les motifs d'aimer Dieu; ainsi ces mots: *Notre Père*, comprennent toutes les raisons d'aimer le prochain.
Car Dieu étant le père de tous les hommes, il les aime tous, et il veut par conséquent qu'ils s' entr'aiment. Ce serait manquer à la charité envers Dieu, que de manquer à la charité envers le prochain; parce qu'aimer Dieu est un engagement à aimer ce qu'il aime, et à l'aimer par les mêmes raisons et pour la même fin; l'amour, tel qu'il est en Dieu, étant essentiellement la règle et le modèle du nôtre. Son amour paternel le porte à faire du bien à tous les hommes, à vouloir leur salut éternel, à leur en procurer les moyens selon les arrangements de sa Providence. Nous avons les mêmes devoirs à remplir les uns à l'égard des autres, et pour le temporel

et pour le spirituel. C'est peu de ne pas nous nuire réciproquement; chacun doit vouloir du bien à son prochain, et lui en faire dans l'occasion selon son pouvoir; il doit désirer son salut, et y contribuer par ses prières, par ses discours, par ses exemples.
Mais donnons à ceci un peu plus d'étendue, et puisons dans la paternité divine les motifs d'aimer les hommes.

Si Dieu, à ne le considérer que comme créateur, est notre Père commun; en qualité de créatures, nous sommes tous frères, et, sous ce rapport de fraternité naturelle, nous devons tous nous aimer. Selon le corps même nous avons la même origine; nous ne composons qu'une grande famille, qui embrasse tous les temps et tous les lieux. On me dira qu'à remonter à nos premiers parents les degrés de consanguinité sont très éloignés, et que l'amour fondé sur un tel motif doit être bien faible, puisque souvent les frères et les soeurs ne s'aiment point. J'en conviens; et j'ajoute néanmoins, que, dans l'intention de Dieu, c'est un premier noeud qui nous unit, quelque peu serré qu'on le suppose.
Mais l'éloignement des corps est compensé par le rapprochement des âmes. Elles sont toutes sorties immédiatement des mains de Dieu au moment de notre existence; et, par cet endroit, les générations qui subsistent ensemble, fraternisent, et sont, pour ainsi parler, au premier degré de parenté. Si, de plus, notre destination est la même; si nous sommes appelés par notre père au même héritage cé-

leste; si nous espérons être réunis un jour dans la
même patrie, et jouir éternellement du même bonheur; voilà sans contredit une raison très pressan-
te de nous entr'aimer, comme des citoyens de la
même cité, comme des cohéritiers de la même
possession que nous partagerons sans dispute, ou
même qui sera à chacun de nous sans partage;
comme des voyageurs tendant tous au même terme, où une fois parvenus, la charité ne fera de
nous qu'un coeur et qu'une âme. Pourquoi nous
haïr, nous quereller, nous nuire les uns aux autres
pendant le voyage ? Est-ce une disposition à nous
aimer quand nous serons rassemblés dans la maison paternelle ? Afin que l'union règne alors entre
nous, n'est-il pas évident qu'elle doit commencer
ici-bas ? Voulons-nous sortir de ce monde avec
des sentiments qui nous excluront du séjour où les
enfants de Dieu, consommés et fondus en quelque
sorte dans son unité, exempts d'envie et de jalousie, seront heureux, non seulement de leur propre
félicité, mais de celle d'autrui ? O céleste patrie ! O
terre natale de nos âmes ! O centre de nos affections mutuelles ! O but de notre commun espoir !
Les chrétiens peuvent-ils vous aimer, vous désirer, travailler à être dignes d'y trouver place, et ne
pas être unis entre eux sur la terre des liens les plus
étroits de la charité ? Qu'est-ce après tout que cette
patrie ? C'est notre Père lui-même . Il y est tout; il
y fait tout; il y tient lieu de tout pour ceux qui y de-
meurent. Conçoit-on que des enfants qui courent à
l'envi vers le même père, qui s'empressent de jouir

de ses embrassements, qui doivent se rapprocher entre eux d'autant plus qu'ils s'approchent de lui; conçoit-on, dis-je, qu'ils soient divisés de sentiments, qu'ils ne puissent se souffrir, qu' ils se veuillent du mal les uns aux autres ? Et pourquoi ? Pour de vils intérêts temporels, qui font obstacle à leur course, et qui, s'ils s'y arrêtent, les frustreront à jamais du terme où ils aspirent.

Mais si, par-dessus ce que je viens de dire, le Père céleste nous a tous adoptés dans son Fils unique, en sorte qu'à ses yeux nous ne faisons qu'un avec ce Fils, et qu'il étend sur nous l'amour qu'il a pour lui; s'il nous a tous rachetés par la mort de ce Fils, lavés et purifiés dans son sang, nourris de sa chair inséparablement unie à la Divinité; s'il nous a comblés de grâces en vue de ce Fils; si ce même Fils, devenu notre frère, brûle pour nous d'une immense charité; si tout son désir, si le commandement propre de sa loi, scellé de son sang, est que nous nous aimions les uns les autres, comme il nous a aimés, et comme son Père nous aime en lui; quel nouveau motif plus puissant que les précédents de nous aimer d'une charité mutuelle ? Que le prochain soit ou ne soit pas aimable en lui-même, ce n'est pas à quoi il faut regarder. Les qualités naturelles de l'esprit et du coeur ne font rien à l'amour surnaturel, qui prend sa source plus haut. Par où mériterait-il d'être aimé, ce prochain, quand Dieu a jeté les regards sur lui ? Par où le mériteriez-vous vous-même ? Répondez ...Celui que Dieu a jugé digne de son amour, vous ne le jugez pas digne du vôtre ! Parce que vous ne l'aimez pas, prétendez-vous que Dieu ne doive plus l'aimer ?

Et, s'il l'aime encore, comment vous justifierez-vous de ne pas l'aimer ? Ne voyez-vous pas que vous prononcez contre vous, et que vous autoriser Dieu à vous rejeter, sur le même fondement que vous rejetez votre frère ?

"Mais celui qu'on veut que j'aime, ne m'aime pas; il parle mal de moi; il cherche à me nuire; il m'a même cruellement offensé." Parce qu'il manque à son devoir, faut-il que vous manquiez au vôtre ? Est-ce dans les sentiments et la conduite du prochain à votre égard, que vous devez chercher les raisons de l'aimer ou de le haïr ? La nature vous le dit; mais la grâce vous le dit-elle ? Et quand il est question de charité fraternelle, est-ce la nature qu'il faut écouter ? Où en seriez-vous, malheureux enfant, si votre Père avait consulté, pour vous aimer, vos dispositions et votre conduite envers lui ? Qu'étiez-vous, quand il vous a adopté ? Qu'avez-vous été depuis votre adoption ? Vos offences les plus graves et les plus multipliées l'ont-elles engagé à vous renoncer ? Et vous renoncez votre frère ! Et vous rompez avec lui tous les liens de la charité! Et vous vous croyez en droit de le faire, parce qu'il vous a offensé ! Vous serez condamné par votre propre bouche; et votre Père suivra à votre égard la règle que vous suivrez à l'égard d'autrui.

Les deux grands commandements, auxquels se réduisent la Loi et les Prophètes, sont donc contenus

dans les deux premiers mots de l'Oraison domini-
cale; et le chrétien ne devrait jamais dire: *Notre
Père !* qu'il ne sentît se réveiller en soi l'amour de
Dieu et du prochain avec tous ses motifs.

Ces paroles produisent-elles cet effet sur nous? Je
ne demande pas que l'exposition que vous venez de
lire, vous revienne tout entière à l' esprit à chaque
récitation du *Pater.* Cela ne se peut, et n'est pas
nécessaire. C'est bien assez que vous l'ayez comprise une bonne fois, et que votre intention soit d'
être dans les dispositions que ces paroles exigent.
Y êtes-vous ? Travaillez-vous sérieusement à vous
y mettre ? Implorez-vous pour cela habituellement
l'aide de Dieu ?

La réflexion suivante, qui est assurément de la plus
grande importance, s'est-elle jamais présentée à votre esprit ? Suis-je en état, suis-je digne de prononcer ces mots: *Notre Père* ?

Aime-je Dieu, aime-je le prochain assez pour cela ? Si je suis en péché mortel, comment osé-je
appeler Dieu mon père, n'ayant ni contrition de
mon péché, ni désir de m'en retirer ! L'Esprit-Saint
peut-il crier en moi: *Père !* lorsque je l'ai chassé de
mon coeur ? Si je hais mon frère; si je lui souhaite
du mal; si j'ai une secrète joie de ce qui lui arrive;
si j'exerce sur ses défauts et sur ses vices, peut-être
sur ses bonnes qualités et sur ses vertus, la mali-
gnité de mes jugements et l'intempérance de ma
langue; si j'en entends médire avec plaisir, et si j'y
excite les autres; de quel front osé-je dire à Dieu:
Notre Père ? Est-ce que je le reconnais pour le pè-

re de ce prochain que je déteste, et que je déchire ? Est-ce que je le reconnais pour le mien, quand mes sentiments sont si opposés aux siens ? Saint Paul n'a-t-il pas déclaré que c'est l'Esprit d'adoption, l' Esprit de charité, qui dit en nous, et qui nous fait dire: *Père, Père* ? Habite-t-il en moi, prie-t-il en moi, si je n'aime pas mon frère ?

Je veux que votre disposition ne soit pas tout à fait criminelle. C'est, à l'égard de Dieu, un état de tié- deur et de lâcheté; à l'égard du prochain, un état, même passager, de ressentiment, de prévention, d' indifférence, d'insensibilité. Pouvez-vous dire: *Notre Père !* comme Jésus-Christ a voulu que vous le disiez ?

Vous le comprenez: la détermination efficace de se tenir en état de proférer ces mots, de la manière que doit les proférer un enfant de Dieu, suffit seu- le à nous sanctifier, parce qu' alors on ne souffrira rien dans son coeur, qui blesse tant soit peu l'a- mour de Dieu ou l'amour du prochain.

NOTRE PERE QUI ES AUX CIEUX !

Notre Père est au ciel ! et nous sommes sur la ter- re ! Triste et douloureuse séparation pour un coeur qui aime !

Il en serait inconsolable, s'il ne savait que telle est la volonté de Dieu, et que cette séparation n'aura lieu que pour un temps, après lequel les enfants se-

ront réunis à jamais dans la maison paternelle.
Puisque le ciel est la demeure de mon Père, il est
donc ma véritable Patrie, selon la force même de
ce mot *patrie*, qui signifie le pays du père. Ainsi,
je suis étranger à la terre; elle n'est pour moi qu'un
lieu de passage. Dieu m'y tient en épreuve, afin
que, par ma foi, par l'ardeur de mes désirs, par ma
fidélité à lui obéir, je mérite qu'il me rappelle à lui
et me place auprès de lui dans le ciel, d' où mon â-
me tire son origine, et où elle doit aspirer à retour-
ner.

Cette âme toute spirituelle n'a rien de commun
avec la nature corporelle; les objets terrestres sont
indignes de son estime et de son affection; elle n'en
a nul besoin pour elle-même; et, si elle en recherche la jouissance, ce n'est qu'à raison du corps auquel elle est unie, et de la vie mortelle et périssa-
ble, qui est une suite de cette union.

Mais qu'est-ce que le Ciel qui est le séjour de
Dieu ?

Est-ce cette voûte azurée et parsemée d'étoiles, qui
est au-dessus de nos têtes, et que l'Ecriture appelle
Firmament ? Non; c'est improprement, et pour s'
accommoder à nos idées, que les Saints Livres
ont fait de ce firmament, de ce ciel, le palais et la
demeure de Dieu. Comme il est dans un éloignement prodigieux de la terre; que son vaste contour
est d'une étendue inconcevable; qu'à l'exception
des astres qui y brillent, il ne présente aux sens qu'
un espace vide; comme un ordre invariable règne
dans les mouvements de ces corps célestes, que

tout y est harmonie, silence, repos du moins apparent, et qu'en le contemplant, l' imagination nous élève au-dessus des choses de la terre, détache, pour ainsi dire, notre âme de son corps, et la transporte en ce lieu de paix; par toutes ces raisons, il est l'image naturelle du Ciel purement intellectuel où Dieu réside, et il sert à nous en donner une idée grossière, proportionnée à notre manière présente de concevoir, où il entre toujours du matériel.

Le Ciel proprement dit, c'est Dieu, c'est son immensité. Il n'y a point, il ne peut y avoir pour lui d'autre lieu que lui-même; et quand nous disons: *Notre Père qui êtes aux cieux !* c'est comme si nous disions: Notre Père, qui existez, et qui habitez en vous-même; dont la substance aussi simple qu'infinie remplit tout; et en qui, comme dans un espace sans mesure et sans bornes, subsistent tous les êtres créés.

Quand l'impie demande en se raillant: Qu'est-ce que le Ciel ? Où est le Ciel ? S'il ne le sait pas, il se confond avec le peuple ignorant et grossier; s' il ne le conçoit pas, c'est défaut d' intelligence; s'il feint de ne pas l'entendre, c'est malice.

Je suis donc, dès à présent, dans cette immensité de Dieu: car où pourrais-je exister ailleurs? Mais je n'y suis pas, comme j'y serai, ou comme j'espère y être un jour. Je connais Dieu ici-bas; mais très imparfaitement. Je pense à lui; mais distrait habituellement par mes besoins, par mes affaires, par les objets qui m'environnent. Je l'aime; mais d'un amour qui n'est jamais tout à fait pur, et que ma volonté sans cesse sollicitée au dehors, peut transporter ailleurs. Je le possède; mais c'est plutôt par l'espèrance que par la jouissance; et cette possession que la foi me procure, je puis tousjours la perdre par ma faute. Il n'en sera pas de même dans l'autre vie. Je ne saurais expliquer ni comprendre comment mon âme sera alors dans l'immensité divine. Mais je sais qu'elle verra Dieu, c'est-à-dire qu'elle le connaîtra de toute la capacité de son entendement, selon le degré de gloire qu'elle aura mérité. Je sais qu'elle sera toujours occupée de la contemplation de Dieu; et que nulle autre pensée, nul besoin, nulle affaire, nul objet ne l'en distrairont. Je sais qu'elle l'aimera de toute la force de sa volonté, d'un amour qui ne pourra plus être détourné, ni partagé, ni affaibli. Je sais qu'elle possédera Dieu par une union intime et immédiate, avec l'assurance de n'en être jamais séparée. Telles sont les principales différences de mon état présent qui doit passer, et de mon état futur qui ne finira jamais.

Quant au Ciel où seront les corps glorieux après la résurrection, l'Ecriture m'apprend que le feu ayant consumé le ciel et cette terre que nous voyons, de la matière qui les compose Dieu formera de *nouveaux cieux* et une *nouvelle terre*, qui participeront aux qualités des corps revêtus de gloire, et qui auront une affinité convenable entre eux.

Que j'ai donc de raisons de soupirer après le Ciel, ma vraie patrie, le séjour de mon bonheur, où mon Père m'attend, où il m'invite, où il me montre la place qu'il m'a préparée ! Puis-je prononcer ces mots: *Notre Père qui êtes aux cieux !* sans m'élancer vers lui par les désirs les plus vifs; sans me détacher avec effort des choses d'ici-bas qui me retiennent et m'empêchent de prendre mon essort ? Puisque mon Père est au Ciel, comment puis-je me plaire sur la terre, et y chercher loin de lui une félicité imaginaire ? Tout ce que j'ai à faire est de me soumettre à sa volonté. C'est lui qui m'a relégué dans cette prison ténébreuse pour un temps, dont lui seul connaît le terme. Il m'y a mis, à dessein d'éprouver mon obéissance et mon amour, parce qu'il veut que ma demeure éternelle dans sa maison soit une récompense, et que j'y parvienne à titre de mérite. De sa part, c'est une grâce, une faveur à laquelle je n'avais nul droit; de la mienne, ce doit être une acquisition, une conquête, et tous mes soins doivent tendre à l'estimer ce qu'elle vaut, à la désirer, à ne rien épargner pour l'obtenir, à mépriser, à fuir, à détester tout ce qui détournerait ailleurs mes pensées et mes affections.

Que je serais à plaindre, si, obsédé de maux de toute espèce, environné d'objets qui n'ont rien de satisfaisant, rien de réel pour les besoins de mon âme; entouré de faux plaisirs, de faux honneurs, de fausses richesses; à charge à moi-même, et sans cesse en butte à l'injustice des hommes, je ne me soutenais par la consolante perspective des vrais biens, des biens sans mélange, des biens stables et permanents que m'offre mon Père, et que je ne trouverai qu'auprès de lui ! Hélas ! dois-je m'écrier à tout moment, que mon pèlerinage est long ! Que mon âme est étrangère et déplacée ici-bas ! Quel voyage ! Quelles peines et quels dangers sur la mer orageuse de ce monde ! Quand découvrirai-je, même de loin, le port et la patrie ? Quand y aborderai-je ? Quand y serai-je dans une parfaite sécurité ?

O mort ! ton souvenir m'a effrayé jusqu'ici, parce que je ne consultais ni les désirs profonds de mon âme ni les idées de la religion. Mais, loin de t'appréhender, je t'attends désormais avec une sainte impatience. Tu es la fin de ma triste carrière, tu es le commencement et l'entrée de mon bonheur. C'est toi qui dois m' ouvrir la demeure de mon père, et m'y introduire. Qu'est-ce, après tout, que cette vie dont j'ai tant de peine à me détacher ? Un exil, une longue et ennuyeuse captivité. Un banni, qui traîne son malheur de climat en climat, ne reçoit-il pas avec transport la nouvelle de son rappel ? Un prisonnier croit-il faire un sacrifice, lorsqu'on lui brise ses fers, qu'on le tire de son cachot, et qu'on le rend à la lumière ? Ah ! viendra-t-il bientôt, le moment où je reverrai ma patrie, où mon Père me recevra entre ses bras, où je jouirai pleinement pour toujours de la douce liberté de ses enfants ?

Chrétiens! sont-ce là vos sentiments ? La récitation si fréquente du *Pater* vous les a-t-elle inspirés ? Quel bien vous a donc fait cette divine prière, si elle n'a pas allumé en vous le désir du Ciel; si vous tenez encore à la terre; si vous chérissez tout ce qui vous y attache; si, chaque jour, vous multipliez et vous resserrez vos liens; si vous y établissez votre félicité; si vous ne connaissez d'autres biens solides que les siens, et si vous leur sacrifierez sans regret les biens de l'éternité ? Dans de telles dispositions ne dites plus: *Notre Père qui est êtes aux Cieux !* Vous ne regardez plus Dieu comme votre Père; ni son séjour, le séjour de la gloire et de l' immortalité, comme votre Patrie. Rougissez, humiliez-vous, et confondez-vous, âmes basses, enfants ingrats et dénaturés ! Vous êtes indignes du bonheur que votre Père vous a destiné, et vous le forcerez de vous en exclure à jamais, si vous ne prenez d'autres sentiments.

QUE TON NOM SOIT SANCTIFIE !

Dieu n'a point, à proprement parler, de nom. Avant qu'il eût rien créé, il existait seul; et, depuis la création, il n'est pas moins seul en un sens, n'ayant ni genre, ni espèce. Sa nature unique et incommunicable le distingue assez de tout ce qui n'est pas lui. Cependant, il a bien voulu s'en donner un, en se faisant connaître aux hommes, et il a déclaré à Moïse que son nom est *YHWH: Celui qui est*. Ce nom, infiniment saint par lui-même, n'a pas besoin d'être sanctifié; il ne peut même l'être, étant au-dessus de toute sanctification; et, d'ailleurs, par qui pourrait-il l'être ?

Que souhaitons-nous donc à Dieu, quand nous lui disons: *Que ton nom soit sanctifié* ? Nous souhaitons que tous les hommes le connaissent, l'adorent, l'aiment, lui obéissent, lui rendent la gloire qui lui est due. Il est juste, il est dans la nature même qu' un enfant s'intéresse à l'honneur de son père, qu'il désire son élévation et sa gloire; qu'il s'en réjouisse, et qu'il y contribue autant qu'il est en son pouvoir.

Mais, si le souhait que nous formons pour Dieu est sincère, il est évident que la première chose que nous avons à faire est de sanctifier nous-même son nom. C'est par là qu'il faut commencer; et le désir que les autres le glorifient, n'est qu'une suite de la détermination où nous sommes de le glorifier nous-mêmes. Si nous ne faisons rien pour la gloire de Dieu, si elle n'est pas à la tête de toutes nos intentions, et la fin principale de nos actions; si même nous y pensons à peine, et si notre intérêt nous guide dans le culte que nous lui rendons, c'est une sorte de dérision de lui dire: *Que votre nom soit sanctifié* ! puisque étant si froids, si négligents sur la gloire qui devrait lui revenir de notre part, nous le serons à plus forte raison sur celle qu'il a droit d' attendre des autres.

A quoi donc m'oblige ce désir, ce zèle de la sanctification du nom de Dieu ?

Il m'oblige à le sanctifier avant tout dans ma personne, en consacrant à la gloire de Dieu tout mon être, mes pensées, mes affections, mes actions; et non-seulement en ne me permettant rien qui le déshonore, mais en ne laissant échapper aucune occasion de le glorifier. Si je me comporte ainsi à l'égard de Dieu, j'ai lieu de croire que je ne lui dis pas en vain : *Que votre nom soit sanctifié !*, et que j'ai dans le coeur ce que ma bouche prononce. Car je ne puis m'appliquer ainsi à glorifier Dieu, qu'autant que j'aspire à l'aimer d'un amour pur; la pureté de l'amour consistant à considérer premièrement et par-dessus tout l'intérêt de l'objet aimé.

Mais, si j'aspire à aimer Dieu de la sorte, il m'est impossible de ne pas désirer qu'il soit aimé et glorifié de même des autres hommes, parce que l'hommage que je lui dois, tous le lui doivent pareillement. Et ce désir me portera à m'employer à cette fin de toute ma force, selon mon état et mes facultés. Il me portera à demander à Dieu de quelle manière il veut que je procure sa gloire, et à seconder avec ardeur les desseins qu'il a sur moi. Il me portera à penser que je ne suis sur la terre, que je n'ai de talents, de crédit, d'autorité, que pour faire honorer Dieu, et à regarder comme perdu tout autre usage que je ferai de mon temps, de ma liberté, et des choses qui sont à ma disposition. Je m'attacherai donc premièrement à ce qu'il soit glorifié des personnes sous ma dépendance immédiate: de ma femme, de mes enfants, de mes domestiques. Si je tiens un rang distingué, si j'occupe une place importante dans une ville, dans une province, à l'armée, dans l'Etat, j'emploierai ce que j'ai de considération et de pouvoir à faire observer ses commandements et ceux de son Eglise; à faire respecter son culte, ses temples, ses ministres; je m'opposerai fortement à toute espèce de scandale, et je n'en laiserai pas les auteurs impunis.

Il est aisé à chacun de connaître en ce point ses obligations; elles s'étendent à tout ce qu'il est chargé par état, ou par commission, de faire ou d'empêcher.

Si tel doit être le zèle des simples fidèles pour la gloire de Dieu, quel faut-il que soit celui des évêques, des curés, des supérieurs de communauté, des prédicateurs, des confesseurs, dont le ministère a pour objet direct la sanctification du nom du Seigneur ! C'est uniquement pour cela qu'il les a revêtus du sacerdoce, et qu'il se les est spécialement consacrés. Ils lui sont responsables de la gloire qu'il a eu dessein de se procurer par eux, et il en exigera d'eux un compte sévère.

Nous disons tous les jours à Dieu: *Que votre nom soit sanctifié !*

Qui de nous s'applique à sanctifier ce nom par soi-même, et à le sanctifier autant qu'il le peut, autant que Dieu le désire et l'attend de lui ? Car telle est ici la règle et la mesure de notre devoir. Qui de nous travaille à le faire sanctifier par les autres, suivant la même règle et la même mesure ? Toute omission, toute négligence en ce genre est coupable; et jusqu'où cela ne s'etend-il point ! Jugeons-en par ce mot de saint Paul: *Faites tout pour la gloire de Dieu*; il y comprend nommément le boire et le manger, et il n'excepte aucune chose.

Ce n'est point ici un conseil, mais un précepte qui regarde tous les chrétiens. Ah ! ce saint nom serait-il profané, outragé, blasphémé, comme il l'est aujourd'hui, si chacun s'acquittait en ce point de ses obligations ? Mais comment s'en acquitterait-on ? On ne pense pas même à s'en instruire. Non, il n'est presque personne, même dans les états les plus saints, qui ait sérieusement considéré à quel point il est obligé de sanctifier le nom de Dieu, et il en est encore moins qui suivent exactement là-dessus leurs lumières et leur conscience. Est-ce donc une vaine formule que nous récitons ? Et nous croyons-nous quittes de tout pour avoir dit trois mots ?

Observez avec moi qu'en disant à Dieu: *Que votre nom soit sanctifié*, vous entendez nécessairement, autant qu'il se peut et doit l'être de tous ceux qui sont destinés à le sanctifier, à commencer par vous. Comprenez-vous tout ce que cette demande ou ce désir embrasse ?
Ce nom du vrai Dieu n'est pas connu des idolâtres, qui sont encore en grand nombre, au moins dans trois parties du monde. Vous demandez qu'ils renoncent à leurs fausses divinités, pour n'adorer que Dieu seul. Vous demandez qu'il éclaire ces pauvres nations assises à l'ombre de la mort, qu'il leur envoie de zélés missionnaires dont il bénisse les prédications, et qu'il lève tous les obstacles que les démons et les puissances du siècle opposent à leur conversion. Si, par quelque moyen que ce soit, il dépend de vous de favoriser et d'avancer cette

sainte entreprise, pouvez-vous, sans quelque re-mords de conscience, vous en dispenser, ou vous y comporter négligemment ? Et si, étant engagé dans les Ordres sacrés, Dieu vous appelait à cette gran-de oeuvre, vous serait-il permis d'être sourd à une telle vocation, et de ne pas dire comme le prophète Isaïe : *Me voici, en- voyez-moi* .

La religion de Jésus-Christ, du fils unique de Dieu, est en horreur aux sectateurs de Mahomet. Vous demandez que Dieu leur ouvre les yeux sur l'im-posture de ce faux prophète, et qu'il abolisse enfin cette secte ennemie du nom chrétien, qui domine depuis tant de siècles dans d'immenses contrées où le christianisme était jadis si florissant, et qui n' as-pire à s'étendre que pour le détruire partout.

L'Eglise catholique, centre de cette religion, est calomniée et persécutée par les hérétiques et les schismatiques, qui s'en sont séparés avec éclat et scandale, et qui l'ont resserrée depuis trois siècles en des bornes très-étroites, elle qui devrait embras-ser l'univers. Vous demandez qu' ils reconnaissent leurs erreurs, qu'ils reviennent de leurs injustes préventions, qu'ils renoncent à leur obstination, et qu'ils comblent de joie leur mère, en rentrant dans son sein.

Le libertinage et l'impiété menacent d'envahir ce qui reste de domaine à Jésus-Christ et à son église. Nous venons d'éprouver en France les effets de leur audace; ils y ont dévoilé leurs funestes com-plots; et, sans une providence spéciale qui veille sur ce royaume, ils les eussent mis pleinement à exécution. Leurs zélés émissaires ont semé dans les régions voisines le poison de leur détestable doctrine; et toute l'Europe s'est vue sur le point d'être le théâtre d'une révolte universelle contre Dieu et les Pouvoirs qui en sont les représentants. Vous demandez que cette engeance impie, qui méconnaît jusqu'à l'existence d'un premier Etre et de la loi naturelle, se convertisse ou périsse; que l'autorité séculière et ecclésiastique prenne les mesures les plus justes et les plus efficaces pour étouffer le germe de cette dangeureuse philosophie, et le déraciner de tous les esprits et de tous les coeurs.

En tous lieux, les divers ordres de l'Etat ont besoin de réforme; le clergé, par-dessus tout, de plus de science et de plus de sainteté, puisqu'il doit l'instruction et l'exemple à tous les autres. Les affreux désastres dont le Pouvoir et l'Eglise en France ont pensé être les victimes, le prouvent assez; et, s'il ne se fait un changement prompt et durable dans nos idées et dans nos moeurs, des malheurs peut-être plus grands sont inévitables pour nous. Vous demandez que tous rentrent en eux-mêmes, qu'ils s'avouent coupables, qu'ils implorent la miséricorde divine, et qu'à l'avenir ils réparent par une conduite irréprochable les maux et les scandales qu'ils ont causés. Vous demandez en un mot que chaque corps, chaque famille, chaque chrétien soit saint de la sainteté propre de son état, et que Dieu soit glorifié de tous, comme il veut et doit l'être. Les prières solennelles que l'Eglise lui adresse le jour du Vendredi Saint, sont comprises dans ces simples paroles: *Que votre nom soit sanctifié !* Y aviez-vous fait réflexion ? Et commencez-vous à concevoir combien cette prière si courte est étendue dans son objet ?

Concevez-vous en particulier combien elle exige de vous de perfection ? Elle veut que le premier désir de votre coeur, celui auquel se rapportent tous les autres, soit la gloire du Père céleste; et non simplement sa gloire, mais sa plus grande gloire. Elle veut que vous la cherchiez, que vous la procuriez vous-même, en tout, chaque jour, et à chaque instant du jour. Elle veut que, non content de vos efforts personnels, vous souhaitiez ardemment que les autres fassent de même, et qu'ils vous surpassent. Elle veut enfin que le zéle vous dessèche et vous dévore, que vous ne respiriez que pour Dieu, et que vous ne cessiez de vous reprocher de ne pas le glorifier assez.

En sommes-nous là, vous qui lisez ceci, et moi qui l'écris ?

Songez à ce que Jésus-Christ avait dans l'esprit, lorsqu'il nous dictait cette demande, et au sens qu'il y attachait. Songez à la manière dont il a lui-même sanctifié le nom de son Père; et que c'est principalement en ce point qu'il nous ordonne d'être ses imitateurs. Songez à ce qu'est Dieu, à ce qu'il mérite, à ce qu'il a fait pour vous, à ce qu'il vous promet, à ce qu'il attend de vous. Est-il possible qu'un chrétien aille trop loin, quand il s'agit de le glorifier ! Ce serait un blasphème de le penser.

Encore une fois, comment remplissons-nous l'

objet de cette demande ? C'est la première, c'est la plus importante. Nous ne sommes dignes du titre d'enfants de Dieu, qu'à proportion de l'intérêt que nous prenons à la gloire de notre Père; et lui-même ne nous glorifiera qu'autant que nous l'aurons glorifié. Quelle récompense serions-nous fondés à nous promettre de lui, si nous venions à mourir en ce moment ? Pensons-y un peu; la chose le mérite.

QUE TON REGNE ARRIVE !

Quel règne souhaitons-nous à Dieu?
Ce n'est pas celui qu'il exerce sur la nature, en qualité de créateur et de conservateur de toutes choses; car les lois qu'il a établies à cet égard ont toujours leur effet. Nul être ne peut les en frustrer, ni s'y soustraire; et, lorsqu'il y déroge lui-même par quelque prodige, il agit toujours en maître absolu, et par une volonté souverainement indépendante.
Ce n'est pas non plus le règne de sa Providence morale, par lequel il amène infailliblement à ses desseins tous les événements, même ceux qui dépendent de la liberté des créatures. Les conseils de Dieu sont immuables; ce qu'il a résolu ne peut manquer d'arriver; et l'homme ne saurait y rien déranger, parce que tout est prévu, et disposé en conséquence.
C'est encore moins le règne de justice et de châtiment, que Dieu exerce et exercera à jamais sur les créatures rebelles, qui ont violé ses commande-

ments. Ce règne est, pour ainsi dire, forcé; il n'est pas de la première intention de Dieu. C'est nous qui, par notre désobéissance obstinée, le contraignons de nous punir, lorsqu'il voudrait être dans le cas de nous récompenser. Nous ne souhaitons donc pas à Dieu l'exercice d'un règne, qu'il ne souhaite pas lui-même, et auquel il est nécessité par le péché.

Le règne que nous demandons est celui qu'il a infiniment à coeur, et qui consiste dans la soumission volontaire de l'homme à ses ordres, dans l'hommage qu'il lui rend librement, qu'il reconnaît lui être dû à tous les titres, et dont il s'acquitte avec autant d'amour que de fildélité. Ce règne surnaturel, qui est la source de la gloire de Dieu et de notre bonheur, est exempt de toute contrainte de sa part. Il commande, mais il nous est libre d'obéir; il invite, il sollicite, il presse par sa grâce, mais nous sommes les maîtres de résister; il nous fait des reproches, il excite en nous de vifs remords, quand nous manquons à notre devoir, mais nous pouvons n'avoir aucun égard à ces reproches, et nous endurcir contre ces remords. Enfin, nous sommes laissés dans la main de notre conseil, et il est en notre disposition de glorifier Dieu, ou de l'offenser. Tout autre genre de domination sur nos volontés serait contraire à son plan, et n'aurait rien de glorieux pour lui, ni de méritoire pour nous. Voilà le règne qui est l'objet de la prière que Jésus-Christ nous a enseignée, et qui doit être celui de nos désirs les plus ardents. Nulle autre cause que l'amour ne peut produire en nous ces désirs, dont la sincérité, la véhémence, l'efficacité répondent au degré de charité qui est en nous.

Ce règne de grâce n'a lieu que durant le cours de cette vie mortelle; et il sera suivi d'un règne éternel où Dieu couronnera notre obéissance, et mettra sa gloire à faire notre félicité. Ce second règne est la fin et le but du premier; et Dieu ne régnera ainsi sur nous dans l'Eternité, qu'autant que nous aurons été soumis dans le temps à l'empire de sa grâce. Il est de notre devoir de désirer ces deux règnes encore plus pour Dieu que pour nous, parce que sa gloire doit nous intéresser beaucoup plus que notre propre bonheur.

Mais c'est le premier règne surtout qu'il faut demander, d'autant que c'est celui dont Dieu est le plus jaloux, celui qui l'honore véritablement, celui qu'il ne perdra jamais de vue dans l'autre vie, où il dira à chacun de ses serviteurs: Parce que j'ai régné sur toi de ton libre consentement, viens règner à présent avec moi, et reçois une récompense mesurée sur ce qu'il t'en a coûté pour m'être fidèle jusqu'à la fin.

Car il ne faut point se faire illusion. Le règne temporel de Dieu exige nécessairement de notre part des sacrifices, et n'est même, à parler juste, qu'un sacrifice continuel. Tout s'oppose en nous, et hors de nous, à son empire; tout nous porte à secouer le joug, et ce n'est qu'à force de combats et de violences que nous persévérons jusqu'à la mort dans l'obéissance. Il y aurait bien moins de gloire pour

Dieu, si nous éprouvions moins de difficulté à nous soumettre; et une couronne telle que celle qui nous est promise, mérite assurément le plus long travail, et les plus pénibles efforts. Au reste, ce travail et ces efforts sont la suite de la corruption de notre nature; et cette corruption est l'effet du péché, que Dieu a permis, mais qu'il n'a pas voulu. Si Adam eût persévéré dans l'état d'innocence; si nous-mêmes étions soigneux de nous maintenir dans la grâce sanctifiante reçue au baptême, nous ne trouverions que douceur et facilité dans l'exercice du règne de Dieu en nous. N'imputons donc qu'à nous ce que nous y trouvons de dur et de gênant; roidissons-nous contre nos mauvais penchants d'où viennent tous les obstacles; et bénissons Dieu des secours puissants qu'il nous donne pour en triompher.

Tous les jours nous lui demandons qu'il règne en nous. Mais est-ce une demande qui parte du fond du coeur ? Et faisons-nous ce qui est en notre pouvoir pour avancer ce règne ? La grâce est l'instrument par lequel Dieu prétend l'exercer. Nous soumettons-nous à sa grâce ? Sommes-nous attentifs en toute occasion à l'écouter; et la suivons-nous quand nous savons ce qu'elle veut de nous ? Dieu règne-t-il sur nos sens; et ne leur permettons-nous rien contre ses intentions ? Règne-t-il sur notre imagination; et ne lui souffrons-nous pas mille écarts qui nous dissipent, ou nous portent au mal ? Règne-t-il sur nos passions; et avons-nous soin d' en réprimer les premiers mouvements ? Règne-t-il sur notre esprit; nous étudions-nous à conformer nos idées aux siennes, à juger des choses comme il en juge ? Règne-t-il sur notre volonté ? Ne résistons-nous pas souvent à la sienne ? Ne portons-nous pas avec impatience et murmure les moindres contrariétés ? Ne nous révoltons-nous pas contre les arrangements de sa providence, lorsqu'ils ne s'accomodent point à nos vues, à nos projets, à nos inclinations ?

Quelle est l'âme sur qui Dieu règne absolument et sans contradiction ? Quelle est du moins celle qui gémit des résistances qu'elle apporte au règne de Dieu, qui s'en humilie, qui le prie sans cesse de la rendre souple et docile, et qui joint ses efforts à la prière ? Qu'ils sont rares, ces chrétiens, je ne dis pas seulement dans le siècle, où le démon a sans comparaison plus de serviteurs que Dieu; mais dans le sanctuaire même et dans le cloître !

Ce n'est pas que je veuille dire que l'opposition des personnes vraiment pieuses au règne de Dieu aille jusqu'à la rébellion ouverte; je suis bien éloigné d'en avoir une si mauvaise et si fausse idée. Il y a encore un bon nombre de chrétiens résolus de mourir plutôt que d'enfreindre en matière grave aucun commandement de propos délibéré. Mais est-ce à cela qu'il faut borner le règne de Dieu ? Et peut-on se flatter de lui obéir par amour, quand on ne se propose pas d'aller plus loin ? Dieu n'en attend-il pas davantage de nous ? Et Jésus-Christ aurait-il réduit le sens d'une prière qu'il nous met à la bouche, à ne pas résister aux ordres que son Père nous intime sous peine d'encourir sa disgrâce ? Cela ne se peut . Un père selon la chair prétend, et a droit de prétendre à beaucoup plus de la part de ses enfants. Dieu, qui a des titres infiniment supérieurs, veut régner pleinement et parfaitement sur nous. Jésus-Christ l'a entendu, et a voulu que nous l'entendissions de la sorte. Ce règne plein et parfait embrasse tout, et ne nous laisse la libre disposition d'aucune pensée, d'aucune parole, d'aucune action. Il faut que Dieu par sa grâce règle, gouverne, tienne l'homme entier sous sa dépendance, en tout temps, en tout lieu, en toute circonstance. Vous ne pouvez rien soustraire à son empire; la plus petite chose blesserait sa jalousie.

Je ne puis donc, direz-vous, disposer de moi en rien ! Non, vous y renoncez expressément chaque fois que vous dites: *Que votre règne arrive !* ; et, si ce n'est pas votre intention, vous donnez à ces paroles une interprétation que Dieu rejette. Concevez, je vous prie, que le règne de Dieu doit tenir nécessairement de l'infinité de sa nature, et qu'il ne faut point l'assimiler au règne des hommes, dont les droits sont bornés. Ceux de Dieu n'ont point, et ne peuvent point avoir de bornes; et, si vous y en mettez, vous dénaturez son empire.

Je ne saurais trop insister sur ceci, parce que l'orgueil et l'amour-propre tendent toujours à diminuer notre sujétion.

Ne faut-il pas, en qualité d'homme, que la raison préside à toute votre conduite; et qu'il n'y ait rien qu'elle désapprouve ? Et quelle est cette raison qui impose une telle loi à l'homme, sinon la raison éternelle ? Ne faut-il pas de même qu'en qualité de chrétien, de créature destinée à une fin surnaturelle, la grâce préside à toute la suite de vos actions, que vous êtes obligé de diriger vers cette fin, qui doivent par conséquent être faites par un principe surnaturel, et qui ne seront jamais telles, si Dieu ne les anime et ne les dirige par une motion spéciale ? La raison et la grâce sont donc les deux moyens par lesquels Dieu exerce son règne sur vous; et le concours de l'une et de l'autre est nécessaire, pour que vous lui soyez soumis et comme homme et comme chrétien. Il n'y a point de réplique à cela; et c'est là-dessus qu'il vous faut mesurer l'étendue du règne de Dieu, et celle de votre dépendance volontaire.

N'allez pas me dire: Mais je ne serai pas damné, quand j'affaiblirai en quelque chose les droits de Dieu; et qui serait sauvé, si l'on était obligé de pousser son règne à ce degré de perfection ?

Je vous réponds nettement qu'un chrétien qui pense de la sorte n'entre pas dans l'esprit de l'Oraison dominicale, et qu'il s'en écarte tout à fait. Faites réflexion que dans cette prière votre salut ne vient qu'en second; et que le règne de Dieu en est le premier objet, bien plus important en lui-même, que par rapport à vous. Il n'est pas question de discuter à quel point vous devez faire règner Dieu en vous, pour mettre votre salut en sûreté. Qui pourrait le définir au juste ? Personne au monde; et votre intérêt même vous interdit une pareille discussion, où vous risquez évidemment de vous tromper.

Mais, quand il serait possible de déterminer ce point, est-il convenable à un enfant de Dieu de s'y arrêter ? Ne se déshonore-t-il point par la bassesse de ses sentiments, lorsqu'il borne à son propre intérêt l'exercice des droits d'un tel père, et qu'il n' envisage que soi dans la soumission qu'il lui rend ? Vous auriez honte de manifester de pareilles dispositions à votre père terrestre; et vous ne rougissez pas d'agir sur ces principes à l'égard de votre Père qui est aux cieux ! Ah ! prenez soin du règne de Dieu en vous, et laissez-lui celui de votre salut. Il y peut, et il le veut plus que vous; il l'assurera d'autant plus, qu'il vous verra plus occupé de ses intérêts que des vôtres. Si vous l'aimiez, et que vous puissiez accroître ses droits sur vous, devriez-vous hésiter un moment ? Ce règne paternel est si doux ! Nul père ne l'exerça jamais avec tant de ménagement. Si ses prétentions vont si loin, c'est qu'il ne peut exiger moins, sans se manquer à lui-même; et, d'ailleurs, si la gloire est pour lui, tout l'avantage est ici pour vous. Il ne saurait y rien perdre; et vous y gagnerez tout.

Au lieu donc de resserrer à votre égard l'empire de sa grâce, désirez plutôt que cet empire s'étende sur tous les hommes.

Donnez à Dieu des sujets.

Qu'il règne en votre maison, et dans les lieux où vous avez quelque autorité ! Qu'il règne sur les âmes dont il vous a confié la charge ! Que vos discours, vos exemples, vos bonnes oeuvres, vos prédications, vos écrits, toutes vos entreprises aient pour objet de lui gagner des coeurs ! Que l'univers entier soit compris dans votre intention, lorsque vous lui dites: *Que votre règne vienne !* Soyez infiniment sensible à tout ce qui concerne l'honneur de la religion, la propagation de la foi, le progrès de la piété, fallût-il vous en consumer de travaux, souffrir les plus rudes épreuves, et répandre votre sang pour une si belle cause, estimez-vous heureux; car vous l'êtes en effet.

Tels doivent les désirs des chrétiens. L' Oraison dominicale est destinée à les exciter, à les entretenir, et à les augmenter en lui chaque jour.

Puisse-t-elle, à compter de ce moment, produire cet effet en vous !

QUE TA VOLONTE
SOIT FAITE SUR LA TERRE
COMME AU CIEL !

Quelle perfection dans ce désir !

Nous souhaitons que Dieu ne trouve pas plus d' opposition en nous à ses volontés, qu'il n'en trouve dans les Bienheureux.

Il est impossible de souhaiter, ni de demander rien de plus parfait; et, si nous réalisions ce souhait, si nous pratiquions ce que nous demandons, Dieu serait obéi aussi promptement, aussi ponctuellement, avec autant d'affection et de désintéressement de ses enfants sur la terre, qu'il l'est des anges et des saints dans le Ciel. Une seule volonté domine au ciel, *celle de Dieu* ; elle y domine en tout et toujours, et sur tous; elle y domine sans aucun obstacle. Ce n'est pas assez dire: tout conspire à la faire régner, et l'on ne peut y vouloir autre chose que son parfait accomplissement. Pourquoi le Ciel n'est-il pas ici le modèle de la terre ? Pourquoi ne sommes-nous pas en ce point l'image fidèle des esprits glorieux ? C'est la volonté du Père céleste; c'est l'intention de Jésus-Christ; et il ne nous a enseigné l'Oraison dominicale que dans cette vue.

Nul désir n'est plus naturel à des enfants; nulle demande n'est plus juste; et quiconque n'a pas ce sentiment dans le coeur, n'honore pas Dieu comme il le mérite, et n'est pas digne de l'appeler du nom de Père. Car il n'est pas plus le Dieu du Ciel, que celui de la terre; et il n'est pas plus le Père des Bienheureux, que le vôtre; il a par conséquent les mêmes droits à notre obéissance qu'à la leur, et sa volonté, principe de l'ordre, est essentiellement l'unique loi de toute créature intelligente, soit qu'elle soit encore dans la voie, soit qu'elle soit arrivée au terme.
Si nous sommes doués d'un libre arbitre, c'est pour donner du prix à notre soumission, qui n'en aurait aucun sans cela; et non pour nous autoriser à faire notre propre volonté. La liberté ne nous met pas en droit de disposer de nous-mêmes, et de nous soustraire au domaine de Dieu. Par où le glorifierions-nous, par où nous rendrions-nous dignes de la ré-

compense éternelle, si nous n'étions pas libres ? C'est à ces deux fins que Dieu nous a créés tels, et nullement pour nous dispenser de ce qui lui est dû. L'imperfection de la liberté ici-bas consiste dans l'abus que nous en pouvons faire, en préférant notre volonté à celle de Dieu. Dans le Ciel, comme le prouve saint Augustin, ce défaut de la liberté sera ôté; on ne pourra plus en faire un mauvais usage, et elle sera toute consacrée à vouloir ce que Dieu veut. "Il n'est pas vrai, dit ce saint Docteur, que les Bienheureux n'auront pas de libre arbitre, parce que le péché n'aura plus d'attrait pour eux; au contraire, ils en seront que plus libres, étant affranchis de la délectation de pécher, au point de ne pouvoir éprouver d'autre délectation que celle de ne pas pécher. Car, ajoute-t-il, le libre arbitre qui fut donné à l'homme, d'abord dans la première rectitude où il fut créé, pouvait tellement ne pas pécher, qu'il pouvait aussi pécher; au lieu que, dans ce dernier état, le libre arbitre sera d'autant plus fort, qu'il sera incapable de pécher", approchant en cela de la liberté divine, dont la perfection est l'absolue impeccabilité.

Ainsi, notre liberté actuelle, qui est un don de Dieu, n'empêche pas que sa volonté ne doive être notre règle, comme elle est celle des saints dans le Ciel; et ce qui rend leur état infinement préférable au nôtre, est qu'ils n'ont plus le malheureux pouvoir de s'écarter de cette règle, pouvoir qui fait le désordre et le danger de notre condition. Nous demandons dans l'oraison Dominicale que ce pouvoir reste sans exercice, et qu'il ne nous arrive jamais d'en user, pour nous retirer tant soit peu de la volonté divine. Il nous faut lutter sans doute, et lutter fortement, et sans relâche, pour en venir là. Mais ce qui rend cette lutte nécessaire, ce n'est pas la liberté, ce sont nos mauvais penchants, qui n'ont rien de commun avec elle, et qui sont la suite de notre imperfection naturelle, considérablement augmentée par le péché.

Ce qui fait qu'au Ciel la volonté divine n'éprouve aucune résistance, c'est qu'aucun objet extérieur ne sollicite la créature à s'y opposer, ne pouvant rien sur les sens, ni sur l'imagination, ni sur les passions, dont les uns n'ont plus lieu, et les autres sont satisfaites par la possession du Souverain Bien. C'est qu'il n'y a plus ni esprit propre, ni intérêt personnel. On voit les choses, et l'on en juge, comme Dieu les voit et en juge. Ainsi, n'ayant point d'autre manière de penser que la sienne, on ne le contredit en rien; on approuve ce qu'il approuve, on condamne ce qu'il condamne. De plus, la volonté créée n'a point au Ciel de désir, d'affection, ni de détermination, qu'elle puisse dire être à soi, et naître de son propre fonds; elle aime tout ce que Dieu aime, parce qu'il l'aime; elle hait tout ce que Dieu hait, parce qu'il le hait. Pour ce qui est de s'aimer et de se rechercher soi-même, cela est absolument banni du Ciel. On n'y connait d'autre intérêt que l'intérêt de Dieu, d'autre amour que l'amour de Dieu; on n'est même attaché à sa propre félicité qu'avec subordination au bon plaisir de Dieu; ou plutôt on jouit tellement de sa félicité, qu'on ne s'y attache point par un esprit de propriété. Ainsi l'on n'a aucun motif de vouloir autre chose que ce que Dieu veut, ni de le vouloir autrement qu'il ne veut.

Telle est la perfection à laquelle le chrétien doit tendre sur la terre; et c'est pour cela que l'Evangile lui fait une loi si expresse de se détacher des objets créés et de se renoncer soi-même. Pourquoi ce détachement ? Parce que les objets extérieurs l'attirent, et que, séduit par leurs charmes imposteurs, il est porté à s'y livrer contre la volonté de Dieu, qui lui ordonne de n'aimer que lui seul, et tout le reste par rapport à lui. Pourquoi ce renoncement à soi-même ? Parce que l'orgueil est en lui un principe d'indépendance, et l'amour-propre un amour exclusif, qui lui fait tout rapporter à soi, et tirer de son intérêt personnel les motifs qui le déterminent. Par là, il est dans une opposition directe et continuelle à la volonté de Dieu qui ne peut souffrir qu'une créature aspire à se rendre indépendante, ni qu'elle concentre en soi ses affections. Tant que le chrétien ne travaillera pas de toute sa force à se mettre dans la même disposition que les Bienheureux, il sera donc hors d'état d'accomplir la volonté divine, comme elle s'accomplit dans le Ciel; et, néanmoins, c'est ce qui lui est prescrit de demander chaque jour, tant pour lui que pour les autres.

C'est peu qu'au Ciel Dieu ne trouve aucun obstacle à ses volontés; elles sont exécutées au premier signal, avec amour, avec joie, et l'on met en cela sa gloire et son bonheur; en sorte que, pour s'y conformer, on est prêt à tout sacrifier.

Saint François de Sales dit en propres termes que "les saints qui sont au Ciel ont une telle union avec la volonté de Dieu, que, s'il y avait un peu plus de son bon plaisir en enfer, ils quitteraient le Paradis pour y aller". Il ne s'exprime pas moins fortement en plusieurs endroits de son *Traité de l'amour de Dieu*. Il est inutile d'objecter que c'est là une supposition impossible. On le sait bien: mais ce n'est pas de quoi il s'agit. Il est question de la disposition intime des saints dans le Ciel; et elle est nécessairement telle qu'on vient de dire. La raison en est qu'ils ne voient rien, non-seulement de préférable, mais de comparable à la volonté de Dieu, et que, dans leur esprit, son bon plaisir est au-dessus de toute chose sans exception. S'il n'était ainsi, leur charité ne serait ni pure, ni bien ordonnée; ils aimeraient Dieu autrement qu'il ne s'aime lui-même, et ils s'aimeraient autant, ou plus que Dieu, ce qui répugne à l'état et à la condition du Ciel.

Voilà le modèle que Jésus-Christ nous propose; et il ne pouvait, sans déroger aux droits de son Père, nous en proposer un moins parfait. Il faut que le chrétien aspire à accomplir toute la volonté de Dieu, quelque rigoureuse qu'elle soit, sitôt qu'elle lui est connue, sans délai, sans hésitation, forçant toutes ses répugances; à l'accomplir avec amour, s'attachant à cette volonté pour elle-même, l'envisageant par-dessus tout, et donnant à ce motif une telle prépondérance sur les autres motifs, qu'il suffise pour le déterminer, quand même il serait seul, à l'accomplir avec joie, s'en faisant gloire, et ne connaissant d'autre bonheur que celui-là, comme en effet il n'y en a point.

Mais quoi ! Jésus-Christ prétend-il qu'il n'y ait nulle différence à cet égard entre les habitants du Ciel et ceux de la terre ?
Oui, il prétend qu'il n'y en ait aucune, quant au fond et à la disposition de la volonté. Et cela doit être: Dieu n'étant, comme j'ai dit, rien de moins pour nous que pour les Bienheureux; et son bon plaisir n'étant pas moins notre loi suprême, que la leur. Où sera donc la différence ? Car il doit y en avoir une, et même très grande. Elle sera en ce que notre soumission a des obstacles à vaincre, et que celle des Bienheureux n'en a pas; en ce que nous sentons des répugnances dont ils sont exempts; en ce que nous sommes toujours exposés à manquer plus ou moins à la volonté de Dieu, et qu'ils n'ont rien de semblable à craindre. Aussi notre obéissance est-elle un mérite à cause de sa difficulté; et la leur une récompense. C'est pour avoir combattu, qu'ils n'ont plus à combattre; c'est pour avoir surmonté les répugances, qu'ils ne les sentent plus; c'est pour avoir été fidèles jusqu'à la mort, qu'ils sont assurés de l'être toujours. Ces différences, comme on voit, sont de l'état, et non dans les sentiments et les dispositions, qui doivent être les mêmes en nous. Il faut qu'il nous en coûte pour faire

ici-bas la volonté de Dieu, afin que là-haut nous n' ayons nulle peine à nous y soumettre. Mais la peine que nous ressentons à présent, venant de la corruption de notre nature, ne doit avoir aucune influence sur la détermination de la volonté; au contraire, cette détermination n'en doit être que plus forte et plus généreuse.

Est-il possible, me demandera-t-on, que la volonté de Dieu se fasse sur la terre aussi parfaitement qu' elle se fait dans le Ciel ? N'est-ce pas un pur souhait, une perfection où la faiblesse humaine ne saurait atteindre?

Si la chose n'était pas possible, Jésus-Christ en eut-il fait une des principales demandes de sa prière ? Il reconnaissait sans doute mieux que nous notre faiblesse; mais il connaissait aussi la force de la grâce, et ce qu'elle peut sur un coeur qui se dévoue entièrement à elle. C'est ici qu'il faut appliquer ce qu'il a dit à un autre sujet: *Cela est impossible aux hommes; mais toutes choses sont possibles à Dieu.* L'homme laissé à lui-même ne peut rien; mais, soutenu par la grâce, il *peut tout*, comme saint Paul ne craignait pas de le dire. Il est possible avec la grâce d'avoir un désir sincère d'accomplir la volonté divine, comme l'accomplissent les saints dans le Ciel. Il est possible, lorsqu'on lui a résisté, lorsqu'on a longtemps hésité, lorsqu'on a murmuré, de s'en humilier, de s'en repentir, de faire le propos de n'y plus tomber, et de parvenir enfin à une entière conformité de volonté avec Dieu. La fragilité humaine, quelque grande qu'on la suppose, est capable de cette perfection; et les saints en sont la preuve. Ce qui n'empêchait pas que, dans leur état même de sainteté, il ne leur échappait quelques fautes légères. Mais ces fautes passagères et de surprise n'altéraient pas le fond de leurs dispositions, et ils n'en étaient pas moins dépendants du bon plaisir de Dieu.

Or, c'est là précisément ce que Dieu exige de nous, ce que Jésus-Christ nous ordonne de demander, et à quoi toute la vie chrétienne doit être appliquée. Examinons la nôtre sur ce pied.

Chaque jour, je dis à Dieu: *Que votre volonté soit faite en la terre, comme au Ciel*. Est-ce que je fais cette volonté en ce qui dépend de moi ? Est-ce que je m'y soumets en ce qui n'en dépend pas ? Cette pensée: Dieu le veut, est-elle le grand motif de mes actions ? Est-elle mon soutien et ma consolation dans ce que j'ai à souffrir ? M'appliqué-je de plus en plus à me conformer à ce divin vouloir, y faisant céder les vains raisonnements de mon esprit, et les révoltes de mon coeur ? Est-ce que je mets ma perfection à ne point sortir de l'ordre de la Providence, à ne former de mon chef aucun projet, à ne disposer en rien de moi-même, à être content de tout ce qui m'arrive ?

Si, après un sérieux examen, vous pouvez vous répondre que telles sont vos dispositions, vous dites avec fruit l'Oraison dominicale, et vous remplissez les intentions de l'Homme-Dieu qui vous l'a enseignée. Si vous ne sauriez vous donner cette assurance morale, vous vous flattez en vain d'avoir l' esprit du Christianisme, et de son divin Auteur. Au reste, on ne vous demande point d'arriver tout d'un coup au plus haut degré de perfection. Qui ne sait que la vie chrétienne est un apprentissage continuel, et qu'il y a toujours à acquérir, quelque avancé qu'on soit ?

Ne vous effrayez donc point de la perfection qu'on vous propose, et ne vous en faites point une raison pour vous dispenser de l'entreprendre. Ce qu'on veut de vous, c'est une forte détermination à vous soumettre en tout à la volonté de Dieu; c'est une attention suivie à pratiquer cette soumission, en vous faisant violence dans les occasions; c'est un repentir sincère chaque fois que vous vous en écartez, et une fidélité prompte à y revenir au premier avertissement de la grâce. Voilà le plan sur lequel vous devez régler votre conduite, et ce que, par zèle pour la gloire de Dieu, vous devez souhaiter, conseiller, inspirer aux autres, les encourageant au besoin par vos discours et vos exemples, et les aidant de vos prières.

Si vous rejetez encore ceci comme étant d'une perfection trop relevée, et si vous croyez que la volonté de Dieu se borne pour vous à ses ordres exprès et accompagnés des plus terribles menaces, vous avilissez la qualité d'enfant de Dieu, vous affaiblissez en vous l'esprit d'adoption, et vous n'avez pas même l'idée de l'obéissance due à un tel Père.

Arrêtons-nous encore un moment sur ces trois premières demandes, et livrons-nous à une considération importante, qui est : qu'elles ont fait le fond des prières de Jésus-Christ durant sa vie mortelle.

Que disait-il à son Père dans ses oraisons ? Point autre chose, sinon : *Que votre nom soit sanctifié ! Que votre règne arrive ! Que votre volonté soit faite sur la terre, comme au Ciel !* Tout l'Homme-Dieu qu'il était, il ne pouvait ni faire une prière plus sainte, ni avoir dans le coeur des désirs plus purs; et sa vie n'en a été qu'un parfait accomplissement. S'oubliant lui-même, il n'a été occupé que de la sanctification du nom de son Père; il n'a songé qu'à établir le règne de son Père; il n'a eu d'autre nourriture que la volonté de son Père; et, dès son entrée au monde, il s'est offert; à sa sortie du monde, il s'est sacrifié pour l'accomplir. Aussi lui dit-il immédiatement avant sa passion: *Je vous ai glorifié sur la terre; j'ai accompli l'oeuvre que vous m'avez donné à faire; j'ai manifesté votre nom aux hommes, que vous m'avez donnés, en les séparant du monde.*

Sur ces trois objets qui se réduisent à un, en qualité de Fils de Dieu par nature, parlant à ses frères par adoption; en qualité de Maître enseignant ses disciples; en qualité de Chef des prédestinés montrant le chemin du Ciel aux membres de son corps mystique, il n'a ni dû, ni pu nous proposer d'autres prières relativement à Dieu, que celle qu'il faisait lui-même. Quelle gloire pour moi que Jésus-Christ ait daigné m'associer à sa prière ! Mais quelle confusion, si je ne la fais pas dans les mêmes sentiments que lui; si je m'excuse de ne pas les avoir, parce qu' ils sont trop parfaits; si je suis assez injuste, assez insensé, pour mesurer sur la petitesse de mon esprit et la bassesse de mon coeur, ce que je dois à la sanctification du nom de Dieu, au règne de Dieu, à l'accomplissement de la volonté de Dieu ! Je n'avais pas compris jusqu'ici toute la beauté, la sublimité, la perfection de la doctrine chrétienne, et l'étendue des devoirs qu'elle impose. Mais m'en voilà bien instruit et persuadé. Je vois que je n'ai pas commencé d'être chrétien; il est temps que je pren- ne l'esprit de Jésus-Christ, et que j'imite sa con- duite, puisque je fais la même prière.

DONNE-NOUS AUJOURD'HUI
NOTRE PAIN DE CE JOUR

Il n'est pas un seul mot dans cette demande qui ne contienne d'utiles leçons.

La première est que c'est Dieu qui, comme le père d'une grande famille, nourrit les hommes ses enfants. Pour mériter leur subsistance, ils doivent la gagner par leur travail et leur industrie. C'est la loi générale établie depuis le premier péché. Dieu dit à Adam: *Vous mangerez votre pain à la sueur de votre visage*. La terre qui auparavent produisait tout d'elle-même, n'accorde plus ses fruits qu'à une culture opiniâtre. Telle est la pénitence que Dieu a imposée à l'homme coupable; ce n'est qu'à cette condition qu'il consent à lui donner du pain.

Mais il veut de plus que l'homme reconnaisse le tenir de sa bonté, et qu'il le lui demande; parce qu'en effet son travail serait ingrat et stérile, si Dieu ne le bénissait.

Ce n'est pas l'homme qui communique à la terre son inépuisable fertilité; ce n'est pas lui qui donne aux germes la vertu qu'ils ont de se multiplier; ce n'est pas lui qui les développe par les pluies jointes à la chaleur du soleil, et qui les amène par degrés à une parfaite maturité.

Le travail de l'agriculture est bien le principal, mais il n'est pas le seul, auquel Dieu ait assujetti l'homme. Toute occupation d'esprit ou de corps, nécessaire ou utile à l'entretien de la société humaine, est comprise dans la sentence portée contre le premier homme, et quiconque ne travaille point de quelque manière que ce soit, ou s'adonne à un genre de travail inutile ou pernicieux, ne mérite pas le pain qu'il mange, il n'a nul droit de le demander; et, si Dieu le lui donne, ce n'est que par un effet de cette Providence générale, par laquelle *il fait lever son soleil sur les bons et les méchants, et fait tomber la pluie sur les justes et sur les pécheurs*.

Ainsi, la demande que nous lui faisons des aliments et des autres choses nécessaires à la vie, ne nous dispense point du travail; et même elle le suppose, puisque c'est notre titre pour les obtenir; et d'ailleurs Dieu nous les fournit de telle sorte, qu'elles ont besoin de nos soins et de notre industrie pour être recueillies et conservées, ou préparées et accomodées à nos usages. Notre travail ne nous dispense pas non plus de la reconnaissance que nous devons à Dieu auteur de tous les biens.

Par cette demande, est manifestement réprouvée toute voie d'acquérir injuste et nuisible au prochain; Dieu ne pouvant être censé donner ce qu'on se procure par l'injustice. Et de quel front lui dirait-on: *Donnez-nous notre pain*, lorsque, pour l'avoir, on emploie la fraude ou la violence, contre sa défense expresse ? Ce n'est pas là le lui demander; c'est le lui arracher malgré lui. Tout homme donc à qui la conscience reproche d'user de voies illicites pour amasser des biens temporels, est indigne de réciter l'Oraison dominicale, et, s'il la récite, il prononce sa condamnation.

Donnez-nous.

Ce n'est pas pour vous seulement et pour votre famille que vous demandez du pain, mais pour tous les chrétiens, vos frères, sans exclure les autres hommes. Vous devez vous intéresser à leur subsistance autant qu'à la vôtre, puisque vous êtes tous les enfants du même Père. C'est donc en vous une cupidité condamnable de désirer avoir plus que les autres; c'est un orgueil insensé de vous imaginer que cela vous est dû; c'est une injustice criante de diminuer, ou même de ravir leur part pour agrandir la vôtre; comme aussi c'est une basse jalousie de lui porter envie de ce que Dieu lui a donné plus qu'à vous. Quand vous dites: *Donnez-nous*, vous laissez Dieu le maître de la distribution, et vous ne prétendez pas sans doute l'assujettir à faire les partages au gré de vos désirs.

Au reste, si Dieu vous a donné beaucoup, et que votre frère n'ait pas le nécessaire, vous êtes obligé, en vertu de cette demande, de partager avec lui et d'employer votre abondance au soulagement de sa misère. Car Dieu veut donner *à tous*; il vous ordonne de lui demander *pour tous*; et il n'entend point cette prière: *Donnez-nous*, dans un sens restreint à vos besoins personnels. Si donc il vous donne plus qu'il ne vous faut, et qu'il laisse votre frère dans le besoin, ce n'est pas qu'il l'oublie; c'est qu'il veut lui donner par vos mains, vous faire pratiquer à l'un et à l'autre les vertus de votre condition, et vous unir, d'une part par la libéralité compatissante, de l'autre par la reconnaissance. Ainsi, lorsque votre frère vous demande, au nom de Dieu, sa part dont vous vous trouvez saisi, la lui refuser, ce n'est pas seulement être cruel et inhumain, c'est retenir ce qui ne vous appartient pas, ce que vous n'avez qu'à titre de dépôt, et qui ne vous est confié que pour le remettre à l'indigent.

Donnez-nous aujourd'hui.

C'est pour le jour présent que vous demandez, et non pour le lendemain. *Le jour de demain*, quand il sera venu, *songera à lui-même*, dit Jésus-Christ. Vous existez aujourd'hui, et vous avez besoin de pain pour ce jour; et Dieu, qui s'est engagé à pourvoir à vos besoins actuels, est disposé à vous en donner. Mais vous ne savez pas si vous existerez demain. C'est donc une prévoyance inutile, et en même temps fatigante, de penser aujourd'hui au pain de demain; et Dieu, qui veut que vous vous reposiez journellement sur sa Providence, ne trouve pas bon que vous soyez empressé d'être pourvu d'avance. Voyez comme l'enfant se conduit dans ses besoins à l'égard de son père et de sa mère. La plupart du temps il ne s'en occupe point. La nourriture, le vêtement, et tout ce qui lui est nécessaire, lui est fourni à point, sans qu'il le demande; la tendresse paternelle pourvoit à tout. S'il lui arrive de demander, ce n'est que pour le besoin actuel; il n'est pas dans son caractère d'amasser, de faire des provisions pour l'avenir. Ce serait marquer une défiance qui déplairait à coup sûr, et qui refroidirait l'affection de ses parents. Auriez-vous oublié ce que Jésus-Christ répète plus d'une fois: que les enfants sont votre modèle, et que le royaume des Cieux est pour ceux qui leur ressemblent ? Ne faites donc pas l'injure à Dieu votre Père de vous défier de lui; ne vous inquiétez pas pour le jour à venir; il y a songé pour vous; il a tout prévu, et tout arrangé.

L'avarice qui n'a jamais assez, et qui accumule, non pour des jours et des mois, mais pour des années et des siècles, se trouve condamnée ici, quand même en accumulant ainsi, elle ne ferait tort à personne.

Le détachement des biens temporels est pareillement ordonné. Car quel détachement plus grand que celui de borner au moment présent la possession de ce qu'on a; et ainsi que ce soit plutôt un simple usage qu'une possession ? L'abandon à la Providence est recommandé pour ce qui regarde l'avenir; non que Jésus-Christ défende certaines mesures de prudence; mais il interdit les prévoyances inquiètes, les soins trop empressés, et les tourments certains qu'on se donne pour se garantir de maux incertains. N'a-t-il pas raison ? Et en cela ne nous rend-il pas service ? Peut-on disconvenir que cette pensée: *De quoi vivrai-je demain ?* N'empoisonne notre vie d'aujourd'hui; et que la plupart des hommes ne soient plus malheureux par ce qu'ils appréhendent pour l'avenir, que par ce qu'ils éprouvent pour le présent ? J'ai gagné mon pain jusqu'ici, dit l'artisan; mais qui m'en donnera dans ma vieillesse ? Mon commerce va bien, dit le marchand; mais ira-t-il toujours de même, et, s'il vient à tomber, que deviendrai-je ? J'ai une famille nombreuse, dit celui-ci; je suis pour le moment en état de la nourrir; mais, quand mes enfants seront grands, et qu'il faudra les établir, où trouverai-je de quoi, et que me restera-t-il ? Ma santé, dit celui-là, est ma ressource et celle de ma femme et de mes enfants; mais, si je deviens malade ou infirme, avec quoi les soutiendrai-je ? Et si je meurs tandis qu'ils sont en bas âge, quel sera leur sort ? Insensés ! pourquoi vous livrer en vain à ces réflexions qui vous chagrinent et vous rongent ? Mangez avec sécurité le pain que Dieu vous donne aujourd'hui, et comptez pour demain sur sa bonté paternelle. Ces soucis qui vous consument, et qui ne sont pas moins nuisibles à votre âme qu'à votre corps, détourneraient-ils les accidents que vous craigniez et que vous prévoyez de si loin ? Dieu seul peut vous en préserver, et quel autre moyen de l'y engager, que de mettre en lui votre confiance ?

Donnez-nous notre pain.
Prenez bien garde, c'est du pain que vous demandez; c'est ce qui est nécessaire à la vie. Tant que Dieu vous le donne, il remplit ses engagements, et vous n'avez pas à vous plaindre de lui. Il ne vous doit point ce que vous désirez au delà.
Vous me direz que le nécessaire ne doit pas se prendre trop étroitement, et qu'il a une certaine étendue. J'en conviens, mais est-ce à vous, ou à Dieu, de mesurer cette étendue ? Si l'on s'en rapporte à vous, à peine croirez-vous jamais avoir le nécessaire, selon votre état; et, tant qu'il se trouvera dans la même condition quelqu'un de plus riche que vous, il vous semblera toujours que vous êtes pauvre de ce que vous avez de moins que lui. N'écoutez donc sur ce point ni votre cupidité, ni vos vues ambitieuses, ni les maximes du monde qui met le bonheur dans l'affluence des richesses. Si ce que vous avez est honnêtement suffisant, ne désirez rien de plus; ne regrettez pas ce que vous avez perdu, si vous pouvez vous en passer; et persuadez-vous qu'aux yeux du sage, à plus forte raison aux yeux du chrétien, la médiocrité est préférable à l'opulence pour le repos de la vie présente et pour l'assurance du bonheur à venir.

Notre pain quotidien.

Vous demandez chaque jour, parce que chaque jour vos besoins se renouvellent.

Dieu, par bonté pour vous, a voulu vous tenir dans une dépendance continuelle pour le corps comme pour l'âme. C'est une observation généralement vraie que ceux qui vivent au jour le jour du travail de leurs mains, ou de leur industrie, sont plus occupés de la Providence, plus soigneux de l'invoquer, plus attentifs à la remercier, plus remplis de confiance en elle, que les riches qui se voient des ressources assurées, et qui n'attendent pas après les bienfaits journaliers de Dieu. Il ne leur est que trop ordinaire de l'oublier, et ils ne se rappellent le besoin qu'ils ont de lui, que lorsqu'ils ont fait, ou qu'ils sont sur le point de faire quelque perte considérable. Ils reviennent alors à lui, et lui recommandent le succès de leurs affaires. C'est quelque chose sans doute; mais quelle différence entre ce retour forcé vers Dieu, et le retour habituel du chrétien, qui reçoit de lui le pain de chaque jour ! Quelle différence à cet égard entre le riche qui ne craint pas de manquer, et le pauvre qui attend du Ciel l'aumône sans laquelle il ne vivrait pas, et pour qui un morceau de pain, une obole est un bienfait de la Providence.

Mais, riches ou pauvres, puisque l'Oraison dominicale est pour tous, entrons dans l'intention de Jésus-Christ en faisant cette demande, et songeons que ceux qui sont abondamment pourvus des biens temporels, n'ont pas moins de vertus à pratiquer que ceux qui en sont mal partagés, où tout à fait dépourvus. Souvenons-nous surtout que les besoins spirituels doivent passer avant les temporels, que pour soulager le corps, même dans ses plus pressantes nécessités, il ne faut jamais exposer le salut de l'âme. Bien des gens se croient excusés des péchés qu'ils commettent, par l'urgence de leurs besoins: c'est illusion et fausse conscience. Le vrai chrétien ne compromet jamais ses intérêts éternels; et il ne se permet pas même de penser que la nécessité de vivre l'autorise à offenser Dieu. Plutôt que de se rendre coupable, il mendiera son pain, s'il n'a pas d'autres ressources, et il se soumettra, sinon avec joie, du moins avec résignation, à cette humiliation. Après l'affreux désastre qui a ruiné tant de familles en notre pays, cette morale vient très à propos; et chacun, selon la situation où il se trouve, doit se la rappeler en récitant le *Pater*. Quel renversement d'ordre, si un chrétien, qui ne doit rien demander pour lui, qu'après avoir demandé la sanctification du nom du Père, l'avènement de son règne, le parfait accomplissement de sa volonté, non-seulement pensait à sa vie temporelle avant que de penser aux intérêts de Dieu, mais, pour conserver cette vie, et se tirer d'une misère passagère, se mettait peu en peine de déplaire au meilleur des Pères.

PARDONNE-NOUS NOS OFFENSES
COMME NOUS PARDONNONS AUSSI
A CEUX QUI NOUS ONT OFFENSES

L'Evangile représente en plusieurs endroits nos péchés comme une dette que nous contractons envers la justice de Dieu, et le pardon qu'il nous accorde, comme une remise de cette dette. C'est pourquoi, afin de rendre la chose plus claire et plus intelligible, on a substitué en notre langue aux paroles de Jésus-Christ celles-ci, qui font le même sens: *Et pardonnez-nous nos offenses, comme nous les pardonnons à ceux qui nous ont offensés.*

Cette demande conditionnelle est tout à fait remarquable. Rien ne montre mieux à quel point Dieu a à coeur le pardon des injures. Il prend ici l'engagement solennel de nous remettre les péchés que nous avons commis contre lui, si, de notre côté, nous faisons grâce au prochain de ses torts à notre égard. Mais il déclare en même temps que nous n'avons point de pardon à attendre de lui, si nous sommes inexorables envers nos frères. Et, pour nous mettre dans une espèce de nécessité de pardonner, il nous prescrit une formule de prière, par laquelle nous nous y engageons expressément:*Pardonnez-nous*, lui disons-nous, *comme nous pardonnons*; c'est-à-dire évidemment: *Pardonnez-nous, si nous pardonnons; et ne nous pardonnez pas, si nous refusons de pardonner.*

Le chrétien vindicatif est donc ici jugé par sa propre bouche; ou bien, tant qu'il conserve en son coeur quelque désir de vengeance, il faut qu'il renonce à dire l'Oraison dominicale. Cruelle alternative, pour peu qu'il ait de la foi ! Jésus-Christ prévoyait combien le pardon des injures coûterait à notre orgueil et à notre amour-propre, et par combien de raisons nous chercherions à nous en dispenser; et c'est pour couper court à toutes ces raisons, c'est pour forcer au silence, et pour dompter l'orgueil et l'amour-propre, qu'il nous prend par notre plus grand intérêt, faisant du pardon des injures la condition essentielle d'un pardon bien plus important, dont nous avons besoin et que nous prions Dieu tous les jours de nous accorder. Aussi, de toutes les demandes qui composent sa prière, c'est la seule qu'il relève, et sur laquelle il insiste, ajoutant ces paroles immédiatement après: *Car, si vous pardonnez aux hommes leurs offenses, votre Père céleste vous pardonnera aussi vos péchés. Mais si vous ne leur pardonnez point, votre Père ne vous pardonnera pas non plus vos péchés.*

Qui de nous n'a pas offensé Dieu ? Qui de nous ne sollicite point le pardon de ses péchés ? Qui de nous n'est pas inquiet, plus ou moins, sur ce pardon, et ne désire pas en avoir quelque assurance pour la paix de son coeur ? Eh bien ! en voici une qui est formelle; et c'est Jésus-Christ qui vous la donne: Si votre frère vous a offensé, et que vous soyez dans la disposition sincère de lui pardonner; si vous n'avez contre lui ni haine ni ressentiment; si, à la première démarche qu'il fait, au moindre repentir qu'il témoigne, vous vous réconciliez de bon coeur avec lui; si vous allez même en certains cas jusqu'à le prévenir, et faire les premières avances; enfin, si vous êtes résolu de lui pardonner de la sorte, autant de fois qu'il vous offensera, soyez tranquille et plein de confiance sur le pardon de vos péchés; vous avez tout sujet de croire qu'il vous sera accordé; et vous êtes autorisé à dire à Dieu: Seigneur ! Je me suis rendu bien coupable envers vous; je ne mérite point de grâce; mais j'ai pardonné de bonne foi à mon frère, comme vous me l'ordonnez; j'espère, oui, j'espère tout de votre miséricorde, et je fonde mon espérance sur vos promesses qui sont infaillibles. Est-il pour le chrétien, qui sait de quel bonheur le péché le prive et à quel châtiment il l'expose, une consolation comparable à celle-là ?

Mais aussi, quelle désolation, quel désespoir, quelle triste assurance de son éternelle réprobation, s'il refuse obstinément de pardonner; s'il garde en son coeur jusqu'au dernier soupir des sentiments de vengeance ! Son arrêt est prononcé, et il y a souscrit d'avance. Il s'est mis hors d'état de dire à Dieu: Pardonnez-moi, et pour n'avoir pas fait miséricorde à son prochain, il n'a à attendre qu'un jugement sans miséricorde. Il le sait; il n'y a point de vérité plus clairement ni plus souvent exprimée dans l'Evangile, et le *Pater*, qu'il a récité dès l'enfance, porte témoignage contre lui.

Prendra-t-il le parti, comme il est arrivé à quelques personnes, de supprimer ou de changer cette demande ? Est-il le maître ? Et qu'y gagnera-t-il ?

Jésus-Christ souscrira-t-il à cette suppression ou à ce changement ? Ne sera-ce pas plutôt un crime de plus ?

Quel affreux état que celui d'un coeur voué à la haine ! C'est une damnation anticipée. Néanmoins cet état n'est pas rare, et l'orgueil humain est assez insensé pour entreprendre de le justifier. Le vindicatif ose se plaindre que Dieu lui a imposé une condition trop dure, et, dans son aveuglement furieux, il le taxe d'injustice. Quoi ! Malheureux ! vous devez à votre maître dix mille talents; il a pitié de vous; il vous remet votre dette. Et, au sortir de là, vous allez prendre à la gorge votre frère, qui vous doit cent deniers ! Vous l'étranglez, en lui disant: Rends ce que tu me dois ! Vous n'avez nul égard à ses soumissions et à ses prières; et vous ne trouvez pas juste que Dieu en use avec vous comme vous en usez avec votre semblable ! L'homme ne veut point pardonner à l'homme des offenses légères, puisqu'elles sont d'égal à égal; et il prétendra que Dieu lui pardonne des offenses qui attaquent sa majesté infinie ! Quel excès d'orgueil et d'injustice !

N'est-il pas évident au contraire que Dieu se relâche ici de ses droits, et qu'il ne pouvait nous proposer de condition plus favorable ? Les dettes que nous contractons envers lui par nos péchés n'ont absolument aucune proportion avec celles que les hommes contractent entre eux par leurs torts réciproques. Dieu, qui, d'une part, est disposé à nous remettre toutes nos dettes à la première demande que nous lui en ferons, et qui, d'autre part, veut que la charité et la paix règnent entre nous, dans le dessein où il est de nous réunir éternellement dans son sein paternel, séjour de la charité et de la paix, pouvait-il, pour nous réconcilier avec lui, exiger moins de nous qu'une parfaite réconciliation avec nos frères ? Et Jésus-Christ, qui, ayant nos péchés présents à l'esprit sur la croix, a versé son sang pour nous qui ne l'avons pas moins crucifié que les Judéens, en demande-t-il trop, lorsqu'il veut que nous nous pardonnions mutuellement, comme il a pardonné ? Rien ne paraît plus juste à notre raison orgueilleuse que la vengeance; et, dans les principes du Christianisme, rien n'est plus injuste. Quand on ne serait coupable de rien envers Dieu, l'exemple de Jésus-Christ nous imposerait encore l'obligation de pardonner, et nous serions punissables de ne pas le suivre.

ET NE NOUS LAISSE PAS ENTRER EN TENTATION.

Que demandons-nous ici à Dieu ?
Ce ne peut être qu'il ne nous tente pas lui-même, et qu'il ne nous mette pas dans l'occasion prochaine de l'offenser. Dieu éprouve, mais il ne tente pas; c'est-à-dire il ne sollicite ni ne pousse pas au mal. Autre chose est d'exercer la vertu par des épreuves, et autre chose de réveiller et d'exciter en l'homme

ses mauvais penchants. *Dieu*, dit saint Jacques, *est incapable de porter au mal; et il ne tente personne. Mais chacun est tenté par sa propre concupiscence, qui l'attire et qui l'amorce*. Et ce n'est pas Dieu qui a mis en l'homme la concupiscence: elle est l'ouvrage du péché, et elle a sa source dans l'imperfection radicale de notre nature. Voilà ce qui nous tente au dedans. Au dehors, le démon, par la permission de Dieu qui n'a en vue que notre bien spirituel, agit sur l'imagination, remue les passions, s'applique à séduire l'esprit par de fausses raisons, et à gagner la volonté par des insinuations attrayantes. Son dessein est de nous entraîner dans sa perte, et de nuire, autant qu'il peut, à la gloire de Dieu. C'est pourquoi il est nommé dans l'Ecriture le *Tentateur*. Mais Dieu n'induit personne en tentation, sinon au même sens qu'il endurcit, *en retirant son secours*, dit saint Augustin, lorsque l'homme s'est rendu indigne, et *non en lui communiquant la malice.*

Nous ne demandons pas non plus qu'il ne permette point que nous soyons tentés. Adam l'a été dans l'état d'innocence: Dieu l'a permis pour de justes raisons, quoiqu'il prévît sa chute; et, depuis le péché, l'homme est encore plus sujet aux tentations qu'il ne l'était auparavant. D'ailleurs, elles sont l'épreuve de notre fidélité; elles nous sont nécessaires pour nous maintenir dans l'humilité, et nous exciter à la vigilance et à la prière. Elles ne peuvent nous nuire, qu'autant que nous le voulons. La grâce pour y résister ne nous manque jamais que par notre faute.

Elles nous servent à produire de grands actes de vertu, et à amasser des mérites; et elles nous sont nécessaires pour nous apprendre, non-seulement à ne les pas craindre, mais à les combattre et à les vaincre. L'Homme-Dieu lui-même a souffert que le malin esprit le tentât.

Ce que nous demandons est donc qu'il ne nous laisse pas succomber à la tentation; mais qu'il la proportionne à nos forces; qu'il vienne à notre secours; qu'il nous protège par sa grâce contre les embûches et les assauts du démon, et qu'il fortifie notre volonté contre la séduction de la concupiscence.

Nous faisons cette prière tous les jours; parce qu'il n'est pas un seul jour, ni même un seul moment, auquel nous ne soyons, ou ne puissions être exposés à pécher. Le foyer du péché est dans notre coeur, et le lion rugissant rôde sans cesse autour de nous, épiant l'occasion de nous surprendre et de nous dévorer. Chaque âge, chaque état, a ses tentations; la sainteté de la profession, l'éloignement du monde, la solitude même n'en garantissent pas; et les attaques les plus subtiles et les plus dangereuses menacent les personnes les plus avancées dans la perfection, si elles ne sont pas sur leurs gardes.

Ainsi, de toutes les demandes de l'Oraison dominicale, c'est celle-ci qui est en un sens la plus nécessaire, puisque jusqu'au dernier soupir nous sommes sur le bord de l'abîme, toujours près d'y tomber, et que la mort seule nous fixe dans l'état de grâce, dont un instant peut nous faire déchoir.

Cette demande renferme un double aveu, celui de

la corruption de notre nature, corruption plus profonde qu'on ne saurait l'imaginer, et qu'on ne connait bien que par les précautions que l'on prend pour s'en préserver; et celui de notre faiblesse, qui est extrême et qui ne nous permet jamais de compter sur nos dispositions, sur nos bonnes habitudes, sur nos plus fermes résolutions. Une légère occasion, un regard indiscret, une pensée fugitive, un désir qui ne fait, ce semble, qu'effleurer l'âme, suffisent à nous renverser, et à nous perdre sans retour. Même après qu'on a résisté longtemps à une tentation, et qu'on se flatte d'en être délivré, si l'on s'applaudit tant soit peu de cette longue résistance, si on ne l'attribue pas entièrement à la grâce, si l'on est moins vigilant, moins exact et moins fervent à prier, elle renaîtra, elle nous terrassera. Mille exemples funestes en sont la preuve, et l'expérience d'autrui doit nous rendre sages.

Chaque fois donc que nous récitons le *Pater*, réveillons en nous le sentiment de notre misère; jetons un coup d'oeil sur les dangers qui nous environnent, et sur les ennemis qui nous assiégent de toutes parts. Reconnaissons le besoin continuel que nous avons de la grâce; reconnaissons humblement que, si avec elle nous pouvons tout, sans elle nous ne pouvons rien. Ne cessons de la demander à Dieu; et ne nous rendons pas indignes de l'obtenir par notre témérité et notre présomption.

Dieu nous la doit en vertu de ses promesses, et il ne nous le refuse jamais, quand c'est par l'ordre de la Providence que nous nous trouvons exposés à la tentation; quand, prévoyant le danger, nous recourons à lui avec confiance, ou que nous sommes surpris par des occasions qu'il ne nous a pas été possible de prévoir. Il la doit et ne la refuse jamais à celui qui se défie toujours de lui-même, et qui, ayant une conviction intime de sa faiblesse, prend de loin toutes les mesures que lui suggère la prudence chrétienne. Il la doit et ne la refuse jamais à celui qui est fidèle dans les petites choses, afin de mériter d'être fidèle dans les grandes.

La grâce qu'il accorde alors n'est pas simplement une des grâces ordinaires, qui suffisent pour justifier sa Providence et la mettre à l'abri de tout reproche, mais qui n'empêchent pas qu'on tombe; c'est une grâce spéciale, qui soutient puissamment, et qui a toujours l'effet pour lequel elle est demandée. Il tient en réserve ces sortes de grâces en faveur des âmes qui ont fait ce qui dépend d'elles pour les mériter. Remarquez que je ne parle que des grâces habituelles, et non de certaines grâces prévenantes par lesquelles Dieu attire quelquefois à lui les plus grands pécheurs. Le téméraire qui va imprudemment au-devant du péril, sans consulter la volonté de Dieu; le présomptueux qui s'appuie sur ses forces, sur ses vertus acquises, sur ses victoires passées, ou sur les mouvements d'une ferveur passagère; le lâche et le tiède, qui négligent les fautes de peu d'importance et qu'on appelle légères, parce que par elles-mêmes elles ne donnent pas la mort à l'âme, ne doivent pas compter sur l'assistance divine dans les grandes tentations, et dans certaines circonstances délicates. Ils se sont exposés d'eux-mêmes; ils ont présumé de leur vertu; ils se sont affaiblis par une longue suite de petites infidélités; ils feront une chute déplorable, dont peut-être ils ne se relèveront jamais.

Souvenons-nous par conséquent, lorsque nous prions Dieu de ne pas nous laisser succomber à la tentation, que cela regarde uniquement les occasions où lui-même nous engage, les occasions auxquelles une fidélité habituelle nous a préparés, et pour ainsi dire aguerris; tout au plus enfin les occasions où, avec une bonne intention, l'imprudence, la légèreté, la surprise, un zèle peu discret, une complaisance mal placée nous exposent.

Dieu, qui voit le fond du coeur, n'abandonne guère une âme droite et sans malice; et, s'il permet qu'elle tombe, c'est pour la rendre plus humble et plus précautionnée.

Nous ne pouvons l'ignorer; le monde, j'entends celui qui conserve quelques dehors de christianisme, est plein de pièges; tout y tend à corrompre l'esprit par de fausses maximes qui altèrent plus ou moins la sainte sévérité de l'Evangile, et le coeur par les amorces qu'il présente à la sensualité, à la cupidité, à l'ambition. Aimer le monde, rechercher l'estime du monde, appréhender la censure, les railleries et les moqueries du monde, c'est visiblement se mettre dans le cas de succomber aux diverses tentations qu'on y rencontre à chaque pas; et ce serait une grossière illusion d'espérer que la grâce préservera des périls où l'on se jette de gaieté de coeur.

Mais aussi ne soyons pas pusillanimes, et ne nous défions pas du secours d'en haut, ni dans les tentations extérieures, qui sont une suite inévitable de l'état où Dieu nous a placés et des devoirs que le zèle et la charité nous imposent; ni dans les tentations intérieures attachées à la pratique de la perfection chrétienne. Attendons-nous à soutenir de puissants assauts de la part du démon, si nous prenons le parti de nous dévouer entièrement à Dieu. Mais, en même temps, ne doutons pas un moment de la protection divine, et soyons assurés qu'elle nous fera triompher des attaques de l'esprit de ténèbres.

N'imitons pas ceux qui, frappés de la crainte de se perdre, fuient toute occasion de travailler au salut des âmes, sous prétexte du danger d'offenser Dieu, ni ceux qui renoncent à la vie spirituelle, effrayés des embûches que le démon sème dans cette voie et des tentations extrêmes par lesquelles il faut quelquefois passer. C'est faire injure à la bonté et à la toute-puissance du Père céleste; c'est croire que le démon, qui n'agit que par la permission de Dieu et auquel il marque des bornes qu'il ne saurait franchir, a plus de pouvoir pour nous nuire que Dieu n'en a pour nous garantir; c'est renoncer à glorifier Dieu, à se sanctifier, et à procurer la sanctification au prochain. Nous marcherons sûrement entre les deux écueils de la présomption et de la pusillanimité, et nous ne demanderons jamais en vain à Dieu qu'il ne nous abandonne point dans la tentation.

MAIS DELIVRE-NOUS DU MAL.

Rien ne nous importe davantage que de bien connaître de quel mal Jésus-Christ entend que nous demandions d'être délivrés. Car en toutes choses, mais ici surtout, ses idées sont l'unique règle des nôtres; et il y va de tout pour nous de ne pas nous en écarter. Comme le souverain bien de la créature raisonnable est la possession éternelle de Dieu, à quoi elle est destinée, son souverain mal est d'être à jamais privée de cette possession. En cela consistent sa réprobation et sa damnation. La délivrance d'un si grand malheur est donc le principal objet de notre dernière demande. Ce n'est que par la foi qu'on peut concevoir quel mal c'est d'être privé pour toujours de la jouissance de Dieu par sa faute personnelle; et encore, avec la foi la plus vive, nous ne le concevons ici-bas que très imparfaitement. Notre faiblesse n'est pas en état d'en porter une certaine compréhension qui ferait sur nous une impression trop forte, et qui gênerait la liberté de nos actions.

Il nous est impossible de nous mettre par la pensée dans l'état où se trouve l'âme au moment de sa séparation du corps, lorsqu'elle voit et qu'elle sent que Dieu est perdu pour elle sans ressource. Elle connaît alors, par une lumière très claire et très distincte, ce que Dieu est en lui-même; ce qu'il est par rapport à elle; la perte infinie qu'elle fait, et l'impossibilité de la réparer. Les autres objets qui l'affectaient et l'occupaient pendant la vie ne lui sont plus rien; il ne lui est plus libre de les estimer, ni de les aimer, parce qu'elle en voit clairement le néant. D'ailleurs, tout lui est ravi à la mort; et, si elle y pense encore, c'est pour se reprocher son extrême folie de s'y être attachée. Le désir du bonheur agit sur elle de toute sa force et sans discontinuation; et ce désir, dont la vivacité est inexprimable, ne sera jamais rempli; il ne sera jamais distrait, ni trompé par aucune fausse jouissance. L'âme en est assurée; et toute espérance lui est ôtée pour toujours. Je le répète: cette peine est incompréhensible, tant en elle-même que dans sa continuité et sa durée. Nul état de l'homme sur la terre, quelque affreux, quelque long, quelque désespéré qu'on le suppose, n'en peut être l'image, parce qu'aucun de ces états ne représente en rien la perte éternelle de Dieu.

Tel est le mal dont le chrétien demande par-dessus tout d'être délivré, le mal qu'il doit appréhender souverainement, et dont il doit faire tous ses efforts pour se garantir. Car la chose dépend de lui. Il n'a pour cela qu'à se préserver d'un autre mal, qui seul peut le conduire à celui-là.

Cet autre mal, c'est le péché, dont la damnation est le juste châtiment. L'un est la cause, l'autre est l'effet et la suite inévitable, tant que la cause subsiste. L'intention de Jésus-christ est donc que le chrétien demande avec plus d'ardeur encore que Dieu le délivre du péché, soit en ne permettant pas qu'il y tombe, soit en lui tendant la main pour qu'il s'en relève au plus vite, et qu'il ne meure pas dans ce funeste état. A la première faute mortelle, Dieu peut

couper le fil de nos jours et nous précipiter dans l'
enfer; il peut nous laisser accumuler crime sur crime, et nous refuser avec justice certaines grâces
spéciales, sans lesquelles nous ne recouvrerons jamais la charité. Et, comme rien ne nous assure qu'il
ne fera pas ce qu'il peut faire, ceci nous doit tenir
toujours dans la crainte de l'offenser mortellement.
Mais, quoique le péché qui donne la mort à l'âme
soit le plus grand mal, tout péché en est un, parce
qu'il la blesse, qu'il la rend malade, faible et lan-
guissante. Une faute légère conduit à une plus
grande, et, si l'on n'évite pas avec soin les moindres
offenses, on s'expose à en commettre de graves; d'
autant plus qu'il n'est pas toujours aisé de discerner
ce qui est grave ou non, et qu'il n'y a point sur cela
de règle générale bien sûre. Ce n'est donc pas assez, pour répondre aux vues de Jésus-Christ et pour
mettre notre salut en assurance, de prier Dieu qu'il
nous délivre du péché mortel; mais tout chrétien
doit lui demander qu'il le préserve de tout péché
commis de propos délibéré et avec réflexion.

De plus, s'il aime Dieu véritablement, il fera cette
demande plutôt dans la vue de ne pas offenser un si
bon Père, que dans la crainte d'attirer sur lui ses
vengeances. Car le péché est le mal, et même l'unique mal de Dieu; non qu'il lui nuise, mais parce qu'
il lui déplait souverainement, et qu'il est l'objet de
sa haine.

Ainsi, le chrétien devant aimer Dieu plus que soi-
même, il est dans l'ordre qu'il ait plus d'horreur du
péché, parce que c'est le mal de Dieu, que parce

que c'est le sien propre.

Voilà le vrai sens de ces paroles de l'Oraison dominicale: *Delivrez-nous du mal.*

C'est la foi qui le prononce; et la foi ne connaît d'autres maux que les maux surnaturels, qui blessent la sainteté de Dieu, qui souillent la pureté de l'âme, qui lui ravissent la grâce sanctifiante, ou qui la mettent en danger de la perdre, et, par là, l'exposent à un malheur éternel.

Pensons-nous ainsi, et sont-ce là les sentiments intimes de notre coeur, quand nous faisons cette prière ?

Le chrétien, qui se sent en péché mortel et actuellement digne de l'enfer, demande-t-il sincèrement à Dieu qu'il le délivre du mal, lorsque, de son côté, il ne fait rien pour répondre à la grâce qui lui est offerte pour sortir de cet état; lorsque, loin d'éviter les occasions de pécher, il les recherche, ou du moins il s'y laisse aller chaque fois qu'elles se présentent; lorsqu'il regarde à peine le péché comme un mal, et qu'il ne craint pas de se familiariser avec son plus cruel ennemi ? N'est-ce-pas une dérision de demander la délivrance d'un mal qu'on appréhende pas, d'un mal qu'on aime, et en qui l'on se complait ? Telle est cependant la disposition de la plupart des chrétiens du siècle, qui n'en récitent pas moins le *Pater* tous les jours, par une habitude qu'ils ont prise dès l'enfance, sans songer à ce qu'ils disent, et sans en faire l'application à leur état présent. A Dieu ne plaise que je les blâme de conserver une si louable habitude; mais le premier et le moindre fruit qu'ils en doivent retirer, n'est-ce pas de se rapprocher de Dieu, et de renoncer au plus tôt au péché ?

A l'égard de ceux pour qui les fautes légères ne sont rien, parce qu'ils n'y voient que l'offense de Dieu, et nul danger pour leur salut; outre qu'ils se trompent sur ce dernier point, peuvent-ils faire une injure plus marquée à celui qu'ils appellent du nom de Père, que de se mettre peu en peine de ce qui l'offense, pourvu que leur âme ne coure aucune risque pour l'éternité ? Un enfant qui ne respecterait son père, et ne lui obéirait que jusqu'au point de ne pas s'exposer à en être désherité, n'aurait-il pas à rougir de sa conduite s'il était capable de réflexion et de sentiment ? Pourrait-il ne pas se condamner intérieurement, comme ne consultant qu'un vil intérêt et une crainte esclave dans les devoirs sacrés que la nature lui impose ? Combien l'enfant de Dieu n'est-il pas plus coupable d'agir par les mêmes principes ?

Quant aux maux de la vie présente, l'Evangile nous apprend que ce ne sont point proprement des maux, et qu'envisagés des yeux de la foi, ils peuvent devenir de très grands biens par le saint usage qu'on en fait. Jésus-christ ayant embrassé par choix les plus considérables de ces maux, et ceux qui font le plus d'horreur à la nature, il n'est point permis à ses disciples d'excuser sur ce point une certaine aversion naturelle, ni d'en juger selon la chair; surtout lorsqu'ils considèrent qu'il s'en est chargé à leur place en qualité de caution, et qu'il les a fait servir à réparer la gloire de Dieu, à expier nos péchés, et à nous mériter les grâces qui nous en préservent, ou qui les effacent. Le parfait chrétien ne demandera donc point la délivrance de ces sortes de maux; mais il demandera plutôt de souffrir patiemment, de glorifier Dieu, et de se sanctifier en les acceptant.

Pour ce qui est des chrétiens imparfaits, qui sont sans comparaison le plus grand nombre, comme ils n'ont pas assez de vertu pour tirer un profit spirituel des afflictions temporelles, et qu'elles les provoquent à pécher, étant pour eux un sujet d'impatience, de murmure, de révolte et de désespoir, Dieu ne trouve pas mauvais qu'ils le supplient de les en délivrer, agrée même leur foi et leur prière, et il les exauce pour leur plus grand bien, quelquefois par des miracles.

Mais il veut que le principal motif qu'on se proposera, en lui demandant d'en être soulagé, soit de le servir avec plus de liberté d'esprit, plus d'amour, de reconnaissance et de fidélité. Il veut qu'humiliés de notre peu de vertu qui nous empêche d'en profiter, on le prie de les éloigner, non pour le soulagement de la nature, mais parce qu'elles sont par notre faute un obstacle au salut. Il veut enfin qu'on ne fasse nulle comparaison de ces maux temporels avec le véritable mal qui est le péché, et qu'on soit déterminé à en souffrir les dernières extrémités, plutôt que de s'en délivrer aux dépens de la conscience.

On n'est pas chrétien, si l'on ne pense et si l'on n'

agit de la sorte au sujet des peines et des afflictions de cette vie.

Que chacun entre ici en soi-même, et se juge.

Quelque étendue que j'aie donnée à l'explication de l'Oraison dominicale, je n'ai rien dit, ce me semble, d'inutile, ni d'étranger à mon sujet. Je n'ai fait que développer le sens que présentent les paroles, et je ne crains pas non plus qu'on me reproche de les avoir prises dans un sens trop relevé et trop parfait. Notre Seigneur a sans doute en vue de nous proposer la perfection, dans cette prière, et ce serait un blasphème de penser que l'esprit de l'homme, quelque éclairé d'en haut qu'on le suppose, pût rien ajouter, à cet égard, à la pensée de Jésus-Christ. Il faut même reconnaître que toute explication sera toujours au-dessous de ce qu'expriment des paroles sorties de la bouche de Dieu.

Ainsi, bien faire cette divine prière, avoir dans le coeur les sentiments qu'elle contient et les suivre exactement dans la pratique, c'est être dans la voie de la perfection.

Sommes-nous dans cette voie ? Je ne demande pas si nous y avons fait beaucoup de progrès, mais si nous y sommes entrés, ou si du moins nous désirons et nous nous efforçons d'y entrer, nous qui depuis la plus tendre enfance récitons le *Pater* plusieurs fois le jour. Examinons-nous là-dessus; et con- frontons nos dispositions intérieures avec chacun des articles que je viens d'exposer. Il n'est point d' examen plus important; et, pour nous engager à le bien faire, songeons que nous aurons pour juge celui qui nous a dicté cette prière.

Pour dire ici en deux mots ma pensée, je suis intimement persuadé que les vrais enfants de Dieu, ceux qui, selon saint Paul, sont conduits en tout par l'esprit de Dieu et sont soumis à l'empire de la grâce, sont les seuls qui la fassent d'une manière qui réponde pleinement à l'intention de Jésus-Christ, et cela avec plus ou moins de perfection, selon le degré de leur avancement.

FIN